TABLE DES MATIÈRES

- Aux origines de l'Égypte 6
- Trois millénaires d'histoire ! ... 8
- Le pouvoir des pharaons 10
- Les pharaons les plus célèbres . 12
- L'État égyptien 14
- La vie au palais 16
- Les dieux 18
- L'embaumement 22
- Les sarcophages 26
- Les funérailles 28
- Le voyage dans l'au-delà 30
- Les pyramides 32
- La construction des pyramides . 36
- Les pyramides de Gizeh 40
- Le Grand Sphinx 42
- Les bâtisseurs de pyramides .. 44
- La Vallée des Rois 46
- Le tombeau de Toutankhamon . 48
- Les temples 52
- Les grands temples 54
- Peintres et sculpteurs 56
- Les prêtres 60
- Rites et offrandes 62
- Des fêtes grandioses 64
- Les scribes 68
- Les hiéroglyphes 72
- Les sciences 74
- Médecine et magie 78
- Les soldats 80
- Conquêtes et batailles 82
- Les artisans 86
- Commerce et marchandises ... 90
- Les bateaux 92
- Le Nil 94
- L'agriculture 96
- Les paysans 98
- Chasse et pêche 100
- La table 102
- La mode 104
- L'art de se faire beau 106
- La maison 108
- La vie de famille 110
- Les enfants 112
- La conquête d'Alexandre 114
- Alexandrie 116
- Cléopâtre 118
- De l'égyptologie… à l'égyptomanie 120
- L'égyptologie aujourd'hui 122
- L'Égypte dans le monde 124

ISBN 10 : 2-215-06702-0
ISBN 13 : 978-2-215-06702-3

© Groupe FLEURUS, 2006.
Dépôt légal à la date de parution.
Conforme à la Loi n° 49-956 du 16 juillet 1949
sur les publications destinées à la jeunesse.
Imprimé en Italie (03-06)

Photogravure : Coloriane

Pour répondre aux questions des enfants
L'ÉGYPTE

Conception
Émilie Beaumont

Textes
Emmanuelle Paroissien

Images
Bernard Alunni - Marie-Christine Lemayeur
Yves Lequesne

Henry Bose Elementary
6550-134 St., Surrey, BC V3W 4S3
LIBRARY

GROUPE FLEURUS 15-27, rue Moussorgski, 75018 PARIS
www.editionsfleurus.com

Aux origines de l'Égypte

- Il y a 20 000 ans, des nomades habitaient déjà l'Égypte. À l'époque, il pleuvait beaucoup. Les animaux parcouraient la savane où s'étend aujourd'hui le désert. Vers 6 000 av. J.-C., le climat devint plus sec. Ces nomades s'installèrent alors au bord du Nil, devenu seule source de vie. Ils bâtirent leurs premiers villages et commencèrent à cultiver les terres.

- C'est ce peuple qui, en l'espace de 800 ans, a fait sortir l'Égypte de la préhistoire en développant l'écriture, les techniques d'irrigation et d'architecture.

Pourquoi l'Égypte a-t-elle toujours eu à peu près les mêmes frontières ?

Ce sont des frontières naturelles très marquées. Au Nord, la mer. Au Sud, les cataractes bouillonnantes du Nil. À l'Est s'élèvent les pics rocailleux et arides du désert arabique. À l'Ouest s'étend un océan de sable de 681 000 km², le désert de Libye, qui fait partie du Sahara. L'Égypte est coincée au milieu !

Pourquoi les Égyptiens de l'Antiquité voyaient-ils la vie en rouge et noir ?

Leur pays était coupé en 2. D'un côté, il y avait la Terre rouge. De l'autre, il y avait Kémi, la Terre noire, autour du fleuve. L'Égypte se présente comme une oasis longue de 800 km bordée d'immenses déserts.

Comment l'Égypte est-elle née ?

Cela a l'air fou, mais c'est grâce à la sécheresse et à l'avancée du désert ! Vers 9000 av. J.-C., des pluies abondantes arrosaient la région. Les hommes vivaient de la chasse sans souci. Quand les pluies ont cessé, tous les gros animaux sont

Comment les premiers Égyptiens vivaient-ils ?

Dans de simples huttes faites d'un mélange de boue, de roseaux et de paille. Les villages étaient bâtis tout près du Nil, sur des buttes de terre, pour les préserver des crues. On gardait les récoltes dans des fosses creusées dans le sol. Les premières vraies villes ne sont apparues que vers 3500 av. J.-C.

partis vers le sud de l'Afrique. Les hommes ont dû trouver autre chose pour survivre : ce fut l'agriculture.

Les premiers Égyptiens étaient des nomades qui vivaient de racines, de chasse et de pêche.

Pourquoi, au début, l'Égypte formait-elle un double pays ?

Elle était divisée en 2 royaumes. La vallée (Haute-Égypte), au Sud, était formée d'une mince bande de terres cultivables situées autour du Nil (le reste était un désert inhabitable). Au Nord se trouvait le delta (Basse-Égypte), un triangle marécageux où poussait le papyrus. Pour les Égyptiens, même si c'est difficile à croire aujourd'hui, ces 2 terres formaient 2 pays distincts.

INCROYABLE !

Selon les archéologues, l'Égypte était peuplée de 1,5 million d'habitants en 3000 av. J.-C., de 3 millions sous Ramsès II et de 5 millions à l'époque de Cléopâtre. Aujourd'hui, 70 millions !

Trois millénaires d'histoire !

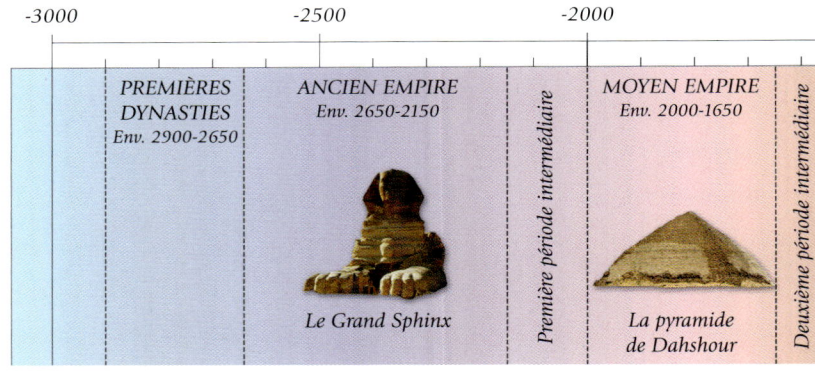

- En 3032 av. J.-C., le prince Narmer réussit à s'imposer et à unifier les royaumes de Haute et de Basse-Égypte. Ce fut le début de l'histoire de l'Égypte antique. Celle-ci se déroula sur 3 000 ans, jusqu'à la conquête du pays par les Romains en 30 av. J.-C. Durant cette longue période, la culture de l'Égypte resta à peu près la même, ce qui fit sa richesse et sa particularité.

- L'histoire de l'Égypte antique est partagée en époques prospères, l'Ancien, le Moyen et le Nouvel Empire, et en époques plus agitées, les périodes intermédiaires. En tout, 31 dynasties de pharaons ont régné sur le pays.

Comment les Égyptiens sont-ils passés de l'Ancien au Moyen Empire ?

L'Ancien Empire a pris fin à cause de plusieurs années de faibles crues qui provoquèrent de mauvaises récoltes et des famines. Les nomarques, chefs des 42 provinces, prirent alors le pouvoir dans leur région et se mirent à se disputer les réserves de blé. Ce fut la panique généralisée ! Le Moyen Empire débuta quand un nouveau pharaon prit le pouvoir et réconcilia tout le monde.

Pourquoi l'Égypte du Nouvel Empire était-elle un colosse aux pieds d'argile ?

Ce fut la période la plus brillante, celle des temples grandioses de Ramsès II et des trésors de Toutankhamon.

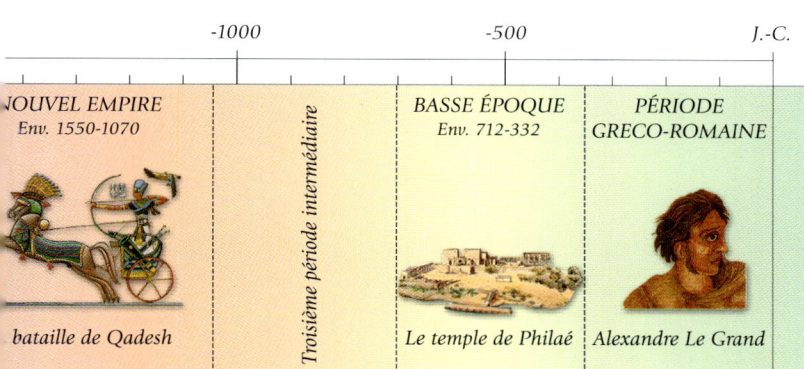

NOUVEL EMPIRE Env. 1550-1070	Troisième période intermédiaire	BASSE ÉPOQUE Env. 712-332	PÉRIODE GRECO-ROMAINE
bataille de Qadesh		Le temple de Philaé	Alexandre Le Grand

Mais toute cette richesse, l'Égypte la volait chez ses voisins dont elle avait fait ses colonies : la Nubie, la Libye, la Syrie. En 1000 av. J.-C., l'Égypte perdit ses colonies. Elle fut ruinée et ce fut la fin du Nouvel Empire.

Comment l'Égypte antique connut-elle aussi la crise économique ?

À la fin du Nouvel Empire, l'État était ruiné et n'arrivait plus à payer son personnel. À l'époque, tous les prêtres, les artisans et les scribes du pays étaient des employés de l'État. Les salaires n'étant plus payés, les gens se mirent en grève. Ils allèrent jusqu'à voler les paysans et piller les tombes des pharaons pour trouver du grain ou de l'or.

Pourquoi le Moyen Empire s'est-il à son tour écroulé ?

À cause des Hyksos, un peuple féroce et bien armé, venu de Syrie, qui ont envahi l'Égypte. Le Nouvel Empire vit le jour quand ils furent chassés du pays.

Pourquoi y eut-il tant de dynasties de pharaons différentes ?

En règle générale, en mourant, le pharaon passait le pouvoir à un de ses fils ou à quelqu'un de sa famille. Mais des généraux de l'armée, des gouverneurs de province, des vizirs s'emparaient souvent de la couronne. Sous ses allures calmes et pharaoniques, l'histoire de l'Égypte antique ne fut pas de tout repos !

INCROYABLE !
Durant la troisième période intermédiaire, 5 pharaons régnèrent en même temps sur l'Égypte. Ça fait désordre !

Le pouvoir des pharaons

- Les pharaons étaient les rois de l'Égypte antique. Ils se passaient la couronne de père en fils. Chefs du gouvernement, de la justice, des armées et de la religion, ils avaient un pouvoir immense.

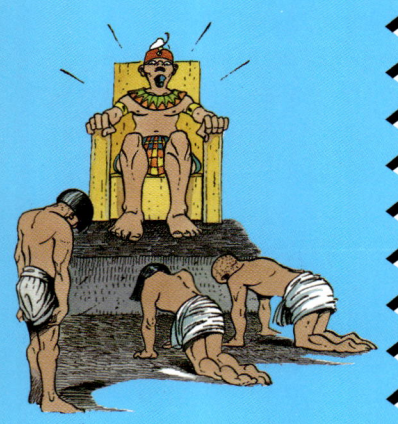

- Pour les Égyptiens, les pharaons étaient des dieux vivants, descendants d'Horus, le fils du dieu-Soleil Rê, créateur du monde. Ils étaient les gardiens de l'ordre sur Terre et les garants du bonheur de leurs sujets.

Pourquoi le pharaon était-il chargé d'un si lourd attirail ?

La crosse, utilisée par les bergers pour guider leurs troupeaux, est le symbole de la royauté. Le fléau, lui, est une sorte de fouet qui servait à battre les céréales. Il symbolise la fertilité, dont le pharaon est responsable. Heureusement, celui-ci n'était obligé de porter cette panoplie que lors des cérémonies officielles.

Comment se protégeait-il de ses ennemis ?

Il portait sur le front un petit cobra, l'uræus. Celui-ci symbolisait à la fois la déesse Cobra et l'œil de Rê, qui était censé cracher des flammes sur ses ennemis. Par sécurité, il avait aussi de nombreux gardes du corps !

Pourquoi le pharaon s'inquiétait-il en cas de mauvaise crue du Nil ?

Pour les Égyptiens, le pharaon était le garant de l'ordre sur Terre et c'était donc lui qui réglait les crues du Nil. On le rendait responsable en cas de sécheresse, et son pouvoir était alors plus fragile.

Pourquoi portait-il des couronnes de couleurs différentes ?

La couronne rouge était celle du royaume de Basse-Égypte, au nord ; la blanche, celle de Haute-Égypte, au sud. Pour symboliser l'union du pays, les pharaons portaient la double couronne,

Les pharaons portaient toujours une fausse barbe attachée à leur menton par une cordelette. Elle symbolisait la divinité de leur pouvoir.

Comment les pharaons signaient-ils leur nom ?

Avec un cartouche : un petit dessin ovale contenant le nom du pharaon en hiéroglyphes. L'ovale, semblable aux rayons du Soleil qui entourent le monde, symbolisait la domination du pharaon sur tout ce qui existe.

rouge et blanche. Mais ils avaient aussi dans leur armoire une couronne bleue, ou casque de guerre, et une coiffe blanche avec un rond doré, la couronne atef, qui était celle du dieu Osiris. C'est ce qu'on appelle avoir l'embarras du choix !

Pourquoi être pharaon, ce n'était pas rigolo tous les jours ?

Ses horaires de coucher et de lever étaient décidés à l'avance. Il avait le droit de ne manger que certaines nourritures, et toujours en quantité modérée. Même pour se laver, il devait suivre un protocole strict.

INCROYABLE !
Le pharaon était tellement respecté et craint de ses sujets qu'ils redoutaient de le toucher, même par accident. Cela portait malheur !

Les pharaons les plus célèbres

- Narmer, le premier pharaon, régna à partir de 3150 av. J.-C. et unifia la Haute et la Basse-Égypte, faisant du pays un royaume puissant et solide. Le dernier pharaon, d'orignine égyptienne, fut Ramsès III. Sa mort, en 1151 av. J.-C., mit fin à l'Empire égyptien.

- Au cours de ces 3 millénaires, l'Égypte fut gouvernée par environ 300 souverains, des rois de père en fils pour la plupart, et quelques reines.

- Les pharaons firent de l'Égypte un pays prospère et créatif, admiré de tous dans l'Antiquité.

Comment Hatchepsout ne se laissa-t-elle pas marcher sur les pieds ?

Hatchepsout prit le pouvoir en 1479 av. J.-C., à la mort de son mari, le pharaon Thoutmôsis II, car le petit héritier, Thoutmôsis III, venait à peine de naître. Mais au lieu de se contenter d'être régente, comme d'autres femmes avant elle, elle se fit nommer « roi » d'Égypte et reprit tous les attributs des pharaons hommes, y compris la barbe. Elle régna pendant 20 ans, évita les guerres, développa le commerce et fit de son pays une nation très riche.

Pourquoi Thoutmôsis III est-il réputé le pharaon le plus courageux ?

Il est souvent représenté sur les peintures à la tête de son armée, avançant sans protection, au mépris de sa propre vie. Ce pharaon-soldat, qui régna de 1458 à 1425 av. J.-C., remporta de grandes victoires.

Pourquoi Akhenaton passa-t-il pour un original ?

Ce pharaon, qui régna de 1352 à 1338 av. J.-C., voulut supprimer tous les dieux égyptiens et imposer le culte d'une divinité unique, le dieu-Soleil Aton. Son nom, Akhenaton, signifie d'ailleurs « gloire d'Aton ». Ce roi n'était pas un rigolo. Sourd-muet, il fut peu aimé de son peuple. Sa femme était la célèbre Néfertiti, qui était d'une grande beauté. Tout de suite après sa mort, le culte des dieux recommença de plus belle et Aton fut vite oublié !

Ramsès II représenté au combat lors de la célèbre bataille de Qadesh contre les Hittites.

en 1212 av. J.-C. Il est connu pour sa victoire de Qadesh contre les Hittites en 1274 av. J.-C., qui fut conclue par le premier grand traité de paix de l'Histoire, mais aussi pour les majestueux temples et monuments qu'il fit construire partout en Égypte. On peut aujourd'hui admirer sa momie au musée du Caire.

Pourquoi Toutankhamon ne fit-il pas long feu ?

Il succéda à Akhenaton en montant sur le trône à l'âge de 9 ans et il mourut 10 ans plus tard, à 19 ans, en 1327 av. J.-C. Toutankhamon était un jeune homme frêle et délicat, mesurant 1,65 m. On ignore les raisons de sa mort, mais l'étude de son squelette a révélé des fractures du crâne. Il aurait donc peut-être été assassiné…

Comment Ramsès II s'est-il rendu si célèbre ?

Monté sur le trône à 25 ans, Ramsès II régna pendant 67 ans, jusqu'à sa mort

INCROYABLE ! Le plus long règne de toute l'histoire du monde est celui du pharaon Pépi II, qui resta sur le trône durant 94 ans ! Il mourut centenaire vers 2181 av. J.-C.

L'État égyptien

- Le pharaon n'était pas tout seul pour gouverner : il déléguait une partie de ses pouvoirs à ses ministres. Le personnage le plus important après le roi était le vizir. L'Égypte antique était un royaume très bien organisé. L'administration employait de nombreux fonctionnaires, les scribes, qui géraient le pays jour après jour.

- Pour faciliter les tâches du gouvernement, le royaume fut au départ divisé en 42 provinces, les nomes, dirigées par des nobles très puissants : les nomarques.

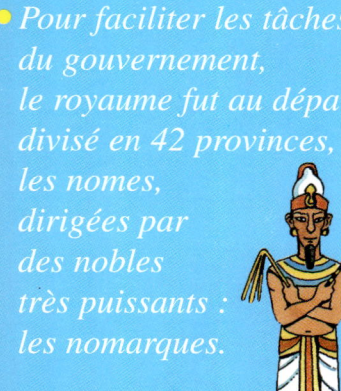

Pourquoi le rôle du vizir était-il si important ?

C'était une sorte de super-ministre. Il gérait à la fois le budget de l'État et le paiement des impôts, contrôlait la production des paysans, était le chef de la police et s'occupait des tribunaux et des archives du pays. C'est beaucoup pour un seul homme ! D'ailleurs, il y eut vite 2 vizirs, un pour le sud, un pour le nord du pays.

Comment se composait le gouvernement ?

Outre le pharaon et le vizir, il y avait un chef du Trésor, qui encaissait les impôts, un chef des Greniers, responsable de la collecte et du stockage des céréales, un chef du Bétail, un intendant des Domaines royaux et un directeur du Bureau des dépêches, en fait le ministre des Affaires étrangères. Tout ce beau monde se réunissait souvent en conseil des ministres.

Pourquoi valait-il mieux obéir à la loi en Égypte ?

Les criminels étaient durement punis de coups de bâton par la police. S'ils récidivaient ou commettaient un crime grave, ils étaient envoyés au bagne dans les mines, les carrières ou les chantiers. Pis : toute leur famille, femme, enfants, parents, tantes, cousins, était punie avec eux.

Pourquoi le pharaon se méfiait-il souvent de son vizir ?

Le vizir était ambitieux et convoitait souvent le pouvoir du pharaon. Celui-ci devait avoir une poigne de fer pour se faire respecter. Poigne dont le jeune Toutankhamon a peut-être manqué. On raconte que c'est Ay, son vizir, qui l'a assassiné. Ay épousa ensuite la reine, tout juste veuve, et devint le nouveau pharaon.

Vêtu d'une longue robe retenue par une bretelle qui passait derrière son cou, le vizir pouvait parfois rendre la justice lui-même.

Comment les nomarques se prirent-ils pour des monarques ?

D'abord nommés à leur poste par le pharaon, les nomarques se mirent peu à peu à se léguer le pouvoir de père en fils. Ils devinrent alors très puissants et se proclamèrent rois de leur province. L'Ancien Empire fut morcelé en petits royaumes qui n'arrêtaient pas de se faire la guerre parce qu'ils ne s'entendaient pas entre eux.

INCROYABLE !

Le pharaon n'aimait pas qu'on condamne des innocents. En cas d'erreur judiciaire, les juges risquaient de se faire couper les oreilles ou le nez !

La vie au palais

- Le palais du pharaon, construit en briques de terre comme toutes les maisons, se distinguait par ses dimensions immenses et sa fabuleuse décoration.

- C'était un lieu de résidence, mais aussi un lieu d'apparat où le roi recevait les princes et ambassadeurs étrangers. C'était un endroit fait pour impressionner.

- Au sein du palais était installé un harem où vivaient les secondes épouses du roi. Seule la grande épouse royale, vivait au côté du pharaon et jouait un rôle très important à la cour.

Pourquoi n'y avait-il pas que des femmes dans les harems ?

Le harem est souvent représenté comme un lieu où des femmes nues se prélassent. En fait, les concubines du pharaon y vivaient avec leurs enfants. Elles devaient s'occuper d'eux, comme n'importe quelle maman. Des bambins piaillaient, couraient et jouaient dans tous les coins !

Pourquoi la cour du pharaon ressemblait-elle à celle de Louis XIV ?

Toute une faune bigarrée était présente à la cour. Conseillers, magistrats, prêtres, architectes, artistes, savants et militaires festoyaient et menaient la grande vie.

Pourquoi les pharaons commettaient-ils souvent l'inceste ?

De nombreux pharaons se sont mariés avec leur fille et beaucoup ont épousé leur sœur. La veuve du pharaon pouvait se remarier avec le frère de son mari. Cela nous paraît choquant aujourd'hui. Mais, à l'époque, c'était une manière de garder le pouvoir au sein de la même famille.

Comment les palais étaient-ils décorés ?

Aucun n'a survécu puisqu'ils étaient tous bâtis en briques de terre, un matériau qui s'effrite vite. Mais on sait, par les peintures et les récits, qu'ils étaient somptueux. Des fresques couvraient les murs, les sols et les plafonds.

Les palais étaient richement décorés comme l'indique cette fresque retrouvée sur les murs du palais de Ramsès III à Médinet Abou.

Des colonnes en faïence verte, bleue ou rouge incrustée d'or et des statues colorées s'élevaient partout.

Comment le pharaon se distrayait-il ?

Il possédait de multiples palais à travers le pays. Pour ses vacances, il voyageait sur le Nil à bord de sa barque royale, à la coque ornée d'or et de pierres précieuses et à la proue sculptée en forme de sphinx, jusqu'à un de ses autres palais.

Pourquoi le pharaon ne pouvait-il faire confiance à personne à sa cour ?

Les complots allaient bon train. Outre le vizir, bien des nobles gravitant autour du pharaon enviaient son pouvoir. Même les femmes de son harem pouvaient comploter contre lui. On dit que Ramsès II, devenu invalide, fut assassiné par l'une de ses épouses, qui avait hâte de placer son fils sur le trône.

INCROYABLE !

Alors que tous les pharaons d'Égypte n'eurent qu'une seule grande épouse royale, Ramsès II en a eu 8 ! Certaines étaient ses propres filles…

Les dieux

- Les Égyptiens avaient plus de 2 000 dieux et déesses ! Beaucoup étaient des dieux locaux oubliés de nos jours. D'autres étaient vénérés dans toute une région, voire tout le pays.

- Les Égyptiens croyaient que l'Univers avait été créé à partir du néant par le dieu-Soleil Amon-Rê (aussi appelé Atoum). Mais le chaos pouvait revenir à tout moment si on ne rendait pas hommage aux dieux, garants de l'ordre du monde.

- Les dieux étaient donc craints et respectés partout.

Pourquoi beaucoup de dieux égyptiens ont-ils une tête ou un corps d'animal ?

Les dieux ont été inventés à l'époque où les premières tribus s'installaient au bord du Nil. De nombreuses bêtes sauvages rôdaient alors près du fleuve. Les Égyptiens donnèrent une figure animale à certains dieux pour essayer de vivre en harmonie avec ces bêtes souvent féroces et en avoir moins peur. Ainsi, le dieu Sobek, seigneur des eaux, est un crocodile, et Opet, la protectrice des femmes enceintes, un hippopotame !

Pourquoi certains dieux ont-ils plusieurs visages ?

De nombreux dieux ont changé d'apparence au cours de l'Histoire. Les plus puissants pouvaient même changer de forme comme des caméléons. Le dieu-Soleil Rê a 3 visages. Le matin, il ressemble à un scarabée roulant le disque du soleil au-dessus de l'horizon. À midi, au zénith, il a une tête de faucon planant au milieu du ciel. Le soir, il a une tête d'homme, tout simplement.

Comment le monde a-t-il été créé selon les Égyptiens ?

À l'origine, rien n'existait à part un vaste océan obscur, le Noun. Un jour, une butte de terre émergea de l'eau. Le dieu-Soleil Atoum (connu plus tard sous le nom de Rê) sortit de la mer et grimpa

① ② ③ ④

Amon-Rê, le dieu-Soleil (1), ses petits-enfants Osiris (3) et Isis (2) et leur fils Horus (4) sont les dieux les plus importants.

Pourquoi les dieux forment-ils une grande famille ?

Les dieux égyptiens les plus importants sont tous liés par le sang. Shou et Tefnout, les enfants d'Atoum, donnèrent naissance à Geb, la Terre, et Nout, le Ciel. Geb et Nout étaient frère et sœur, mais aussi mari et femme ! sur la butte. Il projeta ses rayons brûlants sur l'océan : l'eau s'évapora et la terre apparut. Atoum cracha alors sur la terre, ce qui donna naissance aux premiers dieux : Shou, l'air, et Tefnout, la pluie. Un autre jour, Atoum perdit ses enfants, qui s'étaient aventurés loin sur Terre. Il paniqua. Quand il les retrouva, il pleura de joie et de ses larmes naquirent les hommes.

Ils engendrèrent 4 autres dieux : Osiris et Seth et leurs sœurs et épouses, Isis et Nephtys.

Pourquoi les frères Osiris et Seth ne s'entendaient-ils pas ?

Osiris fut le premier des pharaons et régnait sur la Terre. C'est lui qui, selon la légende, inventa l'agriculture et apporta la civilisation aux hommes. Il épousa sa sœur Isis. Seth, jaloux du succès d'Osiris, décida de le tuer.

INCROYABLE !

Sobek, le dieu-Crocodile, était tellement glouton que, pour le punir, Rê lui coupa la langue. Selon la légende égyptienne, c'est pour cette raison que les crocodiles n'ont pas de langue !

Comment Osiris devint-il le dieu de l'au-delà ?

Seth tua Osiris, découpa son corps en morceaux et les dispersa aux 4 coins de l'Égypte. Isis récupéra les morceaux et reconstitua le corps d'Osiris en attachant les parties ensemble avec des bandelettes. Osiris fut donc la première momie de l'Histoire ! Il ressuscita et partit dans l'au-delà, dont il devint le souverain. Pour les Égyptiens, le dieu Osiris incarne la vie après la mort.

Pourquoi Horus apporte-t-il le bon œil ?

Horus est le fils d'Isis et d'Osiris. Devenu adulte, il voulut venger son père et alla combattre Seth. Au cours de la lutte, il perdit un œil. Ce qui ne l'empêcha pas de vaincre Seth. Il monta alors sur le trône d'Égypte et miraculeusement son œil guérit. Depuis, l'œil d'Horus symbolise la victoire sur les forces du mal. Horus, dieu à tête de faucon, est le protecteur du pays.

Pourquoi Sekhmet, la déesse de la médecine, aime-t-elle le sang ?

Sekhmet, la déesse-Lionne, est la fille de Rê. Envoyée sur terre par son père pour punir les hommes qui négligeaient leurs dieux, elle se mit à tout dévorer. Les hommes prièrent Rê de rappeler Sekhmet, mais elle ne voulut pas obéir : elle avait pris goût à la chair humaine !

Rê répandit alors sur la terre de la bière teinte en rouge. Sekhmet, croyant que c'était du sang, s'en désaltéra et tomba ivre morte. À son réveil, elle devint la déesse des médecins. Mais il faut se méfier d'elle, car si elle guérit les maladies, c'est elle aussi qui les envoie. Elle est en outre la déesse de la guerre.

Pourquoi Anubis a-t-il une tête de chacal ?

Anubis est le dieu des embaumeurs ; il préside aux rites funéraires. On l'a associé au chacal, car, en Égypte, cet animal rôde souvent autour des cimetières. Les Égyptiens ont toujours eu peur que les chacals, affamés, aillent déterrer les morts pour s'en nourrir. Du coup, ils en ont fait un dieu à qui ils faisaient de nombreuses offrandes de nourriture dans les temples.

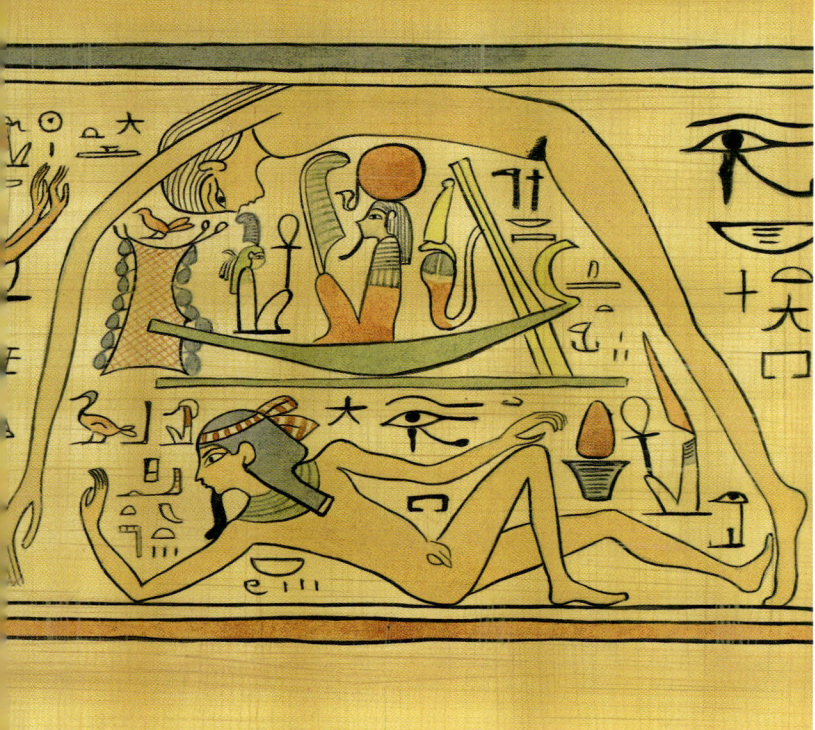

Représentation du monde le jour avec Nout, la déesse du Ciel courbée au-dessus de Geb, son époux, dieu de la Terre. Dans la barque solaire se tient Shou, leur père.

Pourquoi Thot, le dieu des sciences, est-il aussi un gai luron ?

Thot, dieu de la sagesse, de l'écriture et des sciences, est souvent représenté avec une tête d'ibis, très sérieux, la plume à la main, tel un scribe. Mais parfois il prend la tête d'un babouin et se met à faire le clown.

Pourquoi a-t-il la tête noire ?

Le noir est la couleur du limon déposé par le Nil lors de ses crues. Cette vase fertile permettait aux plantes de pousser et aux Égyptiens de prospérer. Anubis, le dieu embaumeur, a donc la tête noire, car, comme la boue du Nil, son travail était source de renaissance.

Pourquoi Isis porte-t-elle une chaise sur la tête ?

En égyptien, Isis signifie « le siège ». Cette déesse représentait pour le peuple la femme et la mère parfaites.

Elle était la garante de la stabilité du foyer et de la famille.

INCROYABLE !

D'après la croyance, la chair des dieux était en or, leurs os en argent et leurs cheveux en lapis-lazuli. Ils exhalaient aussi un parfum naturel de fleurs. Très chics, ces dieux d'Égypte !

L'embaumement

- Les Égyptiens ont toujours cherché le meilleur moyen de conserver les corps de leurs morts. Vers 3000 av. J.-C., ils mettent au point un nouveau procédé : l'embaumement.

- Les premières vraies momies datent de 2600 av. J.-C.

- Le mot « momie » vient de l'arabe « moûmîa », qui signifie « bitume ». La résine, dont les embaumeurs enduisaient les bandelettes, devient en effet avec le temps noire comme du bitume. D'où le nom donné par les Arabes lorsqu'ils découvrirent les momies de l'ancienne Égypte.

Pourquoi les Égyptiens momifiaient-ils leurs morts ?

Parce qu'ils croyaient à la vie après la mort. Mais cette vie n'était pas assurée à tous les coups. Pour que tout se passe bien, il fallait garder un corps en bon état. L'âme, qui s'était échappée au moment de la mort, pouvait alors reconnaître son corps et lui redonner vie.

Comment l'embaumement a-t-il été inventé ?

Au début, les morts étaient enterrés dans le désert ; le sable les empêchait de se décomposer. Puis on se mit à construire des tombeaux en pierre, plus chics, mais où les corps se conservaient moins bien ! Les Égyptiens eurent donc l'idée d'emmailloter les morts dans des tissus trempés dans de la résine et couverts de plâtre : ce furent les premières momies.

Pourquoi lavait-on le corps avant d'entamer l'embaumement ?

Pour le purifier. Le corps du mort était lavé avec l'eau du Nil, rasé entièrement (même la tête), puis frotté avec du henné, une plante dont l'écorce et les feuilles ont des vertus désinfectantes.

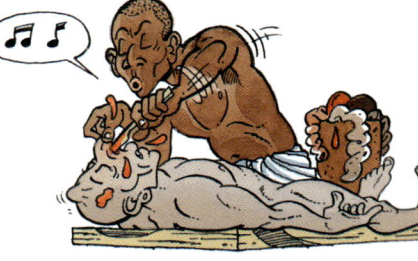

Comment les embaumeurs enlevaient-ils les viscères du mort ?

Ils ôtaient d'abord le cerveau en glissant une tige terminée par un crochet dans le nez du mort ! Puis un des embaumeurs coupait le flanc gauche du cadavre et, de sa main gauche, il retirait, dans l'ordre, le foie, les poumons, l'estomac et les intestins. Pour les Égyptiens, la gauche était

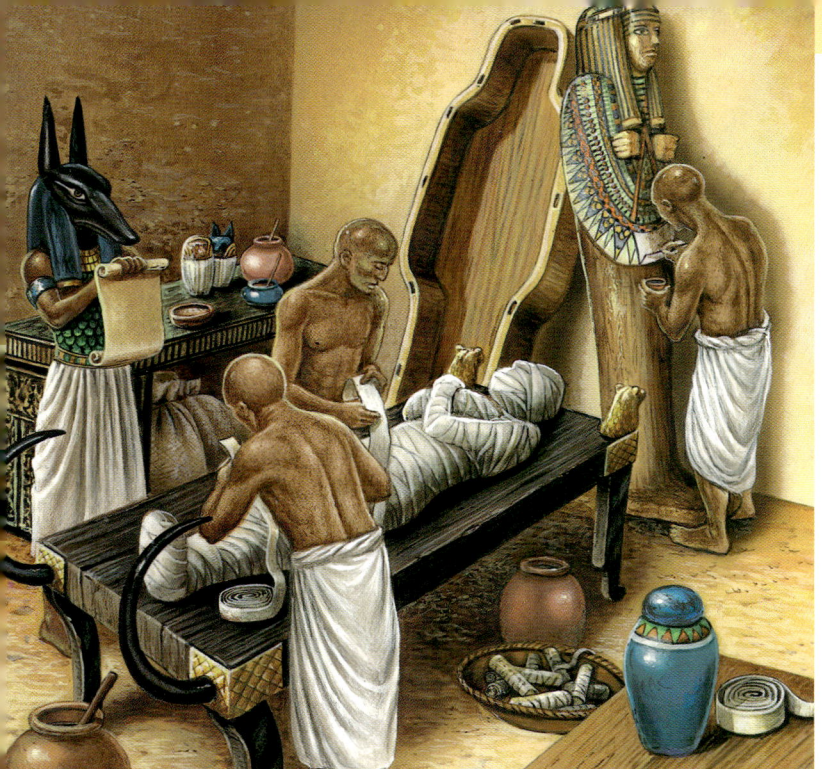

La pose des bandelettes durait à elle seule 15 jours. Les bandelettes étaient enduites de résine fondue pour devenir raides en séchant et garder la forme du corps.

Comment conservait-on les entrailles du mort ?

Elles étaient lavées avec du vin, mélangées à du sel, enroulées dans des bandelettes et placées dans des vases sacrés, les canopes. Le vase à tête de chacal contenait l'estomac ; celui à tête de faucon les intestins ; à tête de babouin les poumons ; à tête d'homme le foie.

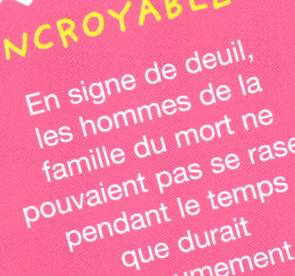

le côté de la mort ; la droite, le côté de la vie.

Pourquoi les momies ne pourrissent-elles jamais ?

Après avoir vidé le corps, les embaumeurs garnissaient le ventre du mort de natron, une sorte de sel. Ils versaient aussi de la résine liquide dans son crâne en la faisant couler avec une grosse cuillère par les narines ! Puis ils plaçaient le cadavre dans une baignoire remplie de sel et le laissaient reposer pendant 40 jours. Quand ils l'en retiraient, il était devenu tout sec et raplapla !

INCROYABLE !

En signe de deuil, les hommes de la famille du mort ne pouvaient pas se raser pendant le temps que durait l'embaumement.

Pourquoi laissait-on le cœur en place ?

Le cœur était considéré comme la maison de l'âme, le siège des sentiments et des pensées. Pour que le corps puisse revivre, il fallait lui laisser son cœur.

Comment les embaumeurs redonnaient-ils forme au cadavre tout desséché ?

Ils bourraient les joues et le ventre du mort de bouts de tissu, de paille, de sciure, de sable pour les regonfler. Puis ils lui faisaient une petite beauté : ils peignaient son visage pour lui donner bonne mine, lui mettaient une perruque et plaçaient des oignons dans ses orbites pour imiter des yeux ! Un charme fou…

Pourquoi dit-on « embaumer » ?

Embaumer veut juste dire « enduire d'huile de baumier ».

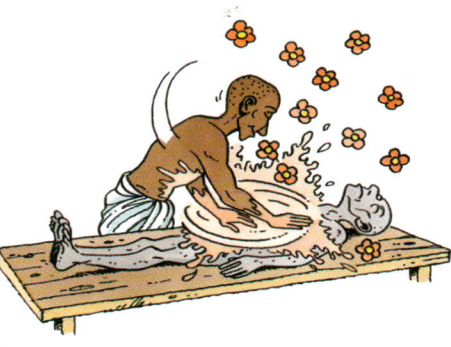

Les embaumeurs frottaient le corps desséché du mort avec des huiles et des onguents pour lui redonner sa souplesse et éviter qu'il ne se craquelle. Le mot a ensuite désigné tout le processus de momification.

Pourquoi n'y avait-il pas que les êtres humains qui se faisaient momifier ?

On momifiait aussi les animaux domestiques pour les placer dans les tombes à côté de leur maître.
Les archéologues ont retrouvé des momies de chats, de chiens, de taureaux, d'ibis, de faucons et même de grenouilles et de poissons !
Trois animaux n'ont jamais eu le droit à leur momie : l'âne, le porc et l'hippopotame.
Les Égyptiens les détestaient.

Pourquoi les pauvres ne se faisaient-ils pas embaumer ?

Ils n'en avaient pas les moyens !
Un embaumement coûtait très cher et seuls les riches pouvaient se l'offrir.
Les pauvres se faisaient enterrer dans le désert, emballés dans une toile.

Pourquoi y avait-il différentes catégories d'embaumement ?

Même les nantis n'avaient pas toujours assez d'argent pour avoir un embaumement de luxe. Les embaumeurs proposaient donc 3 forfaits. Pour le moins cher, ils ne retiraient pas les viscères mais les dissolvaient en injectant dans le corps du jus de radis noir. Efficace, alors !

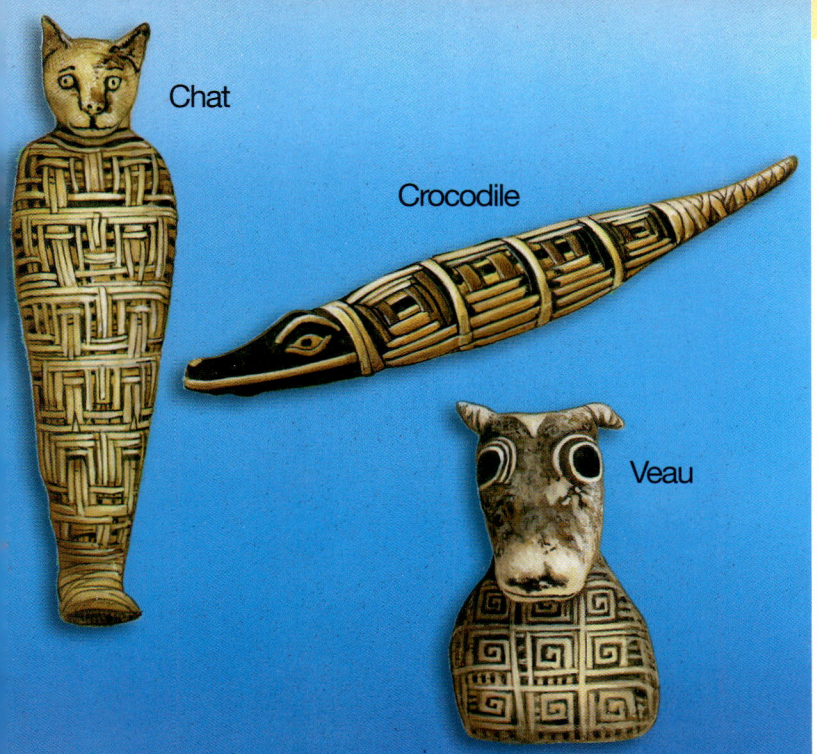

Chat

Crocodile

Veau

Lorsqu'ils mouraient, les animaux aussi étaient momifiés. Leurs viscères étaient glissés dans des vases canopes.

on pouvait superposer jusqu'à 20 couches sur certaines momies !

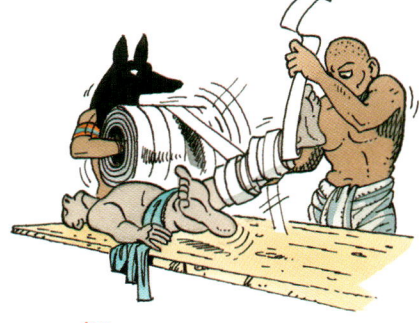

Pourquoi les embaumeurs chantaient-ils en posant les bandelettes ?

La momification était un rituel religieux. Les embaumeurs, qui étaient aussi des prêtres, récitaient donc des prières et psalmodiaient des formules incantatoires en réalisant la momie. Ils ne chantaient pas juste pour se détendre !

Pourquoi fallait-il beaucoup de bandelettes pour couvrir une momie ?

On n'emballait pas tout d'un coup ! Les doigts, les orteils, les bras et les jambes étaient bandés séparément. Les bandelettes étaient très serrées pour que le corps conserve sa forme et

Comment les embaumeurs faisaient-ils quand une partie du corps manquait ?

Ils remplaçaient le membre par un bâton ou un tampon en tissu. Il fallait absolument que le corps semble entier pour survivre dans l'au-delà. Les estropiés n'entraient pas dans le royaume des morts !

INCROYABLE !

Il fallait 375 m² de toile pour couvrir de bandelettes une seule momie. Soit presque 2 fois la surface d'un court de tennis !

Les sarcophages

- Au début, les Égyptiens enterraient leurs morts dans le désert, enroulés dans des peaux de bête ou des nattes en roseau.

- Les premiers sarcophages sont apparus vers 3300 av. J.-C. C'était le cercueil du mort. Son rôle était d'abord de protéger la momie des pilleurs ou des animaux sauvages.

- Le sarcophage était réalisé durant l'embaumement. Il était peint de couleurs vives et décoré de figures et formules magiques pour aider le mort dans son voyage vers l'au-delà.

Comment étaient les premiers sarcophages ?

Tout petits, car les morts y étaient couchés en chien de fusil. Ils étaient fabriqués en roseaux tressés ou en terre cuite. C'est avec l'apparition des premières momies que les sarcophages prirent une taille normale. Mais ce n'étaient encore que de vulgaires caisses en bois rectangulaires…

Pourquoi les sarcophages n'étaient-ils pas tous aussi solides ?

Les sarcophages des pharaons étaient en pierre ou en or massif, ceux des nobles en bois doré. Pour le commun des mortels, comme le bois était rare en Égypte, le sarcophage était fait d'un cartonnage en papier mâché et papyrus aggloméré.

Pourquoi les momies portaient-elles un masque ?

Ce masque servait à protéger le visage mais surtout à remplacer la tête si celle-ci s'abîmait au fil du temps ou se détachait. Il imitait les traits du mort et était fixé par des bandelettes sur la momie, à l'intérieur du sarcophage.

Pourquoi peignait-on souvent des plumes de vautour sur le sarcophage ?

Pour symboliser Nout, la déesse du Ciel, qui déploie ses ailes afin de protéger le mort des forces du mal. Les plumes étaient peintes au niveau de la poitrine du mort ou autour de son visage.

Le sarcophage de Toutankhamon contenait 3 cercueils : le 1er était en bois revêtu de feuilles d'or, le 2e en bois incrusté de pierres semi-précieuses et le 3e en or massif.

Comment le mort était-il couché dans son sarcophage ?

Il était allongé sur le côté gauche, le regard tourné vers l'est, du côté du soleil levant : de cette façon, tous les matins, il pouvait admirer le soleil en train de se lever. C'était un symbole de renaissance.

Elles donnaient parfois aux momies l'air d'un grand chef indien !

Pourquoi les Égyptiens étaient-ils enterrés en « costume du vivant » ?

À partir de 1550 av. J.-C., on commença à fabriquer des sarcophages qui imitaient l'apparence du mort. La cuve reproduisait les formes du mort ; ses vêtements et les traits de son visage étaient peints sur le couvercle. Ainsi, l'âme du mort pouvait retrouver plus facilement son corps pour lui assurer la vie éternelle. Mieux valait, en effet, ne pas se tromper de sarcophage !

INCROYABLE !

« Sarcophage », du grec « sarkophagos », signifie « mangeur de chair ». Les Grecs pensaient que la chair du corps était dissoute par le sarcophage, d'où l'aspect tout desséché des momies !

Les funérailles

- Les funérailles attiraient une foule spectaculaire, surtout chez les nobles : famille, amis, serviteurs, relation, et un grand nombre de badauds se réunissaient en cortège pour conduire le mort jusqu'à sa tombe.

- La procession se rendait dans l'atelier des embaumeurs, sur la rive gauche du Nil, pour aller chercher la momie, puis se dirigeait vers la nécropole ou la pyramide réservée aux pharaons.

- Les Égyptiens voyaient les funérailles comme une façon d'accompagner le défunt jusqu'au seuil du royaume des morts. La cérémonie était donc ponctuée de nombreux rituels pour lui garantir un départ sans encombre vers l'au-delà.

Pourquoi les funérailles commençaient-elles par un embouteillage de bateaux ?

Les villes étaient situées sur la rive droite du Nil. Tout le monde devait donc traverser le fleuve pour se rendre à la nécropole sur la rive gauche. Il y avait un bateau pour les femmes de la famille, un autre pour les hommes, un pour les pleureuses, un pour les amis, un pour les serviteurs et d'autres encore pour les cadeaux. Un vrai débarquement !

Pourquoi les pleureuses devaient-elles crier si fort ?

Pour montrer du chagrin et de la douleur, mais aussi pour éloigner les mauvais esprits du cercueil tout en couvrant les craquements du traîneau. Elles devaient pousser des cris, se frapper la tête, se tirer les cheveux et se couvrir de poussière.

Pourquoi le mort emportait-il tous ses meubles avec lui dans la tombe ?

Selon les Égyptiens, la vie continuait dans l'au-delà. On partait donc avec ses meubles, ses vêtements, ses bijoux, son maquillage pour les femmes, ses armes pour les hommes. On emportait aussi de quoi manger et boire, et même, pour les plus riches, des figurines de domestiques pour se faire servir.

Le traîneau qui transportait la momie était précédé d'un prêtre en peau de léopard qui brûlait de l'encens et aspergeait le chemin devant le véhicule avec de l'eau du Nil et du lait (symbole de renaissance).

Pourquoi sacrifiait-on un bœuf ?

Il était un symbole de force physique. Le boucher découpait la patte antérieure droite du bœuf et la donnait au prêtre, qui la tendait vers la momie avant de la descendre dans la tombe. Le mort serait ainsi assez fort pour traverser les épreuves de l'au-delà.

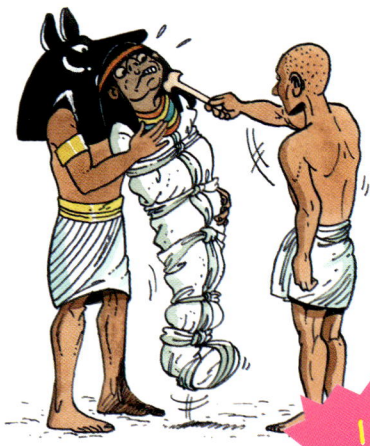

Pourquoi ouvrait-on la bouche des morts pendant leurs funérailles ?

Au cimetière, on posait la momie debout sur le sol et on procédait à la « cérémonie de l'ouverture de la bouche ». Le fils du mort touchait le visage de la momie : la bouche, le nez, les yeux, puis les oreilles. Grâce à ce rituel, le mort pouvait à nouveau ouvrir la bouche pour manger et parler, le nez pour respirer, les yeux pour voir et les oreilles pour entendre. Sa vie recommençait.

INCROYABLE !

Les morts étaient toujours enterrés avec de grosses provisions de nourriture. Ainsi 116 paniers de fruits, 40 jarres de vin et de nombreux canards rôtis ont été retrouvés dans la tombe de Toutankhamon !

Le voyage dans l'au-delà

- Après la mort, on allait vivre au royaume d'Osiris, le dieu de l'au-delà. C'était un paradis, une terre fertile où tout le monde était heureux. Pour y parvenir, il fallait faire un long voyage semé d'embûches dans un monde souterrain peuplé de créatures effrayantes.

- L'âme était composée de 2 parties : le ka est la force vitale, il reste dans le corps après la mort ; le ba forme la personnalité, il s'échappe du corps et fait le voyage dans l'au-delà. Si le ba survit au voyage, il revient dans la tombe s'unir au ka, et le mort accède alors à la vie éternelle.

Comment débutait le voyage du mort vers l'au-delà ?

Ça commençait très fort : le ba, représenté par un oiseau à tête d'homme, devait traverser un lac d'eau bouillante. Ensuite, il devait marcher dans des marais hantés de créatures malfaisantes : des serpents, des vers gluants, des insectes géants, des démons à tête de cobra armés d'un couteau et des monstres à grandes dents qui essayaient de le dévorer.

Comment entrait-on au royaume d'Osiris ?

La dernière épreuve consistait à traverser un lac habité par un monstre à corps de crocodile et à tête de bélier. Heureusement, il y avait un passeur avec une barque. Pour être accepté à bord, il fallait connaître le nom de toutes les parties de la barque. Ouf ! La réponse se trouvait dans le Livre des morts, qui était déposé dans le sarcophage du mort : une antisèche !

Comment se terminait le voyage ?

Le mort était amené dans la salle du jugement, devant Osiris et ses 42 juges. Anubis, le dieu à tête de chacal, posait le cœur du mort sur une balance avec, en contrepoids, la plume de vérité. Le mort devait alors clamer son innocence en récitant des formules et en criant « Je suis pur » 4 fois. S'il disait la vérité, son cœur sur la balance était aussi léger que la plume.

L'épreuve de la pesée des âmes : le défunt est présenté à Anubis tandis que sous la balance se tient Ammit, prêt à dévorer les cœurs vils, mais si tout se passe bien, Osiris accueillera le nouveau venu.

Pourquoi les riches se faisaient-ils enterrer avec des ouchebtis ?

Les ouchebtis étaient des statuettes de paysans qu'on plaçait dans le sarcophage. Il suffisait d'une formule magique pour qu'ils reprennent taille humaine et se mettent à labourer le lopin de terre à la place du mort.

Comment étaient récompensés les cœurs purs ?

Ils recevaient un lopin de terre dans une région de l'au-delà appelée les Champs de roseaux et vivaient heureux pour le reste des temps. Mais il fallait encore travailler !

Comment étaient punis les cœurs impurs ?

Si le cœur était plus lourd que la plume, le mort se faisait gober sans autre forme de procès par Ammit, la Dévorante, un horrible monstre à tête de crocodile, corps de lion et derrière d'hippopotame.

INCROYABLE !

On a retrouvé 413 ouchebtis dans la tombe de Toutankhamon : 365 ouvriers agricoles (un par jour de l'année), 36 surveillants et 12 contremaîtres. Pas question que le pharaon se salisse les mains !

Les pyramides

- Les pyramides dominent la vallée du Nil depuis 4 500 ans. Ces majestueux édifices servaient de tombeaux aux pharaons.

- L'âge d'or des pyramides se situe au début de la civilisation égyptienne, sous l'Ancien Empire (2650 à 2150 av. J.-C.). Les plus belles ont été édifiées autour de Memphis, la capitale, au nord du pays. Au Moyen Empire (2000 à 1650 av. J.-C.), des pyramides plus petites et moins soignées ont été construites au sud du pays, près de Licht, la nouvelle capitale. Puis tout s'arrêta. L'histoire des pyramides ne dura qu'un millénaire.

pourquoi les pyramides sont-elles toutes bâties sur la rive gauche du Nil ?

Parce que c'est le côté du soleil couchant. Pour les Égyptiens, le soleil, en disparaissant derrière l'horizon, pénétrait dans le royaume des morts. En étant enterré à l'ouest du Nil, le pharaon pouvait donc suivre plus facilement le soleil dans le monde des ténèbres. C'est également sur la rive gauche du Nil que se situent les nécropoles.

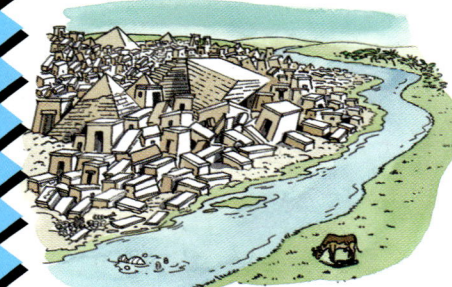

pourquoi les pyramides sont-elles si gigantesques ?

Dans la religion égyptienne, la vie éternelle n'était possible que si le corps, après la mort, était très bien conservé. Il fallait donc absolument protéger la momie du pharaon en l'ensevelissant sous une énorme masse de pierre. Les pyramides étaient garantes de l'immortalité du pharaon.

pourquoi la pyramide a-t-elle cette forme particulière ?

Les archéologues n'ont pas encore trouvé de réponse définitive à cette question ! La plupart pensent que la forme de la pyramide évoque l'angle des rayons du soleil tombant sur la terre. Après sa mort, le pharaon, fils du dieu-Soleil, escaladait les rayons du soleil pour rejoindre son père au ciel. La pyramide lui servait de rampe de lancement !

Comment les pyramides sont-elles devenues lisses ?

Grâce au pharaon Snéfrou, qui gouverna l'Égypte de 2620 à 2590 av. J.-C. Au début de son règne, il fit bâtir une pyramide à degrés à Meïdoum, tout au sud du pays. Comptant 8 étages, elle mesurait 92 m de haut. À la fin de son règne, il se ravisa et décida de la recouvrir de pierre pour lui donner un aspect plus lisse et élégant. Un pharaon visionnaire !

Pourquoi les premières pyramides ressemblaient-elles à des escaliers ?

À cause de leur architecture : ces « pyramides à degrés » étaient constituées d'une superposition de mastabas, qui formaient comme des marches montant vers le ciel. À cette époque, le culte du dieu-Soleil n'existait pas encore. On croyait que le pharaon, une fois mort, rejoignait les Impérissables, les étoiles du Nord, pour devenir l'une d'elles. La pyramide était un escalier menant aux étoiles.

La pyramide à degrés de Saqqarah, construite en 2680 av. J.-C., fut la première à avoir été édifiée.

INCROYABLE !

La Grande Pyramide de Gizeh, construite en 2590 av. J.-C., resta le plus haut monument du monde jusqu'à la construction de la tour Eiffel entre 1887 et 1889 !

Pourquoi la pyramide de Dahshour a-t-elle l'air bizarroïde ?

Elle aussi a été construite sur les ordres du pharaon Snéfrou. Le bas de la pyramide suit une pente très raide, mais elle s'incline à mi-hauteur pour prendre un aspect trapu. Tout cela à cause des ouvriers, qui avaient posé les pierres dans le mauvais sens ! Cette pyramide, qu'on appelle rhomboïdale, est le « brouillon » des futures pyramides à bords lisses.

Pourquoi les pyramides avaient-elles toujours de la compagnie ?

Si, aujourd'hui, les pyramides sont seules, elles étaient entourées, à l'époque, de temples, d'autres petites pyramides où étaient enterrées les reines, de mastabas et d'immenses cours où avaient lieu des fêtes et des cérémonies. L'ensemble reproduisait l'architecture du palais du pharaon. Ainsi, il n'était pas trop dépaysé après sa mort et ne se sentait jamais seul.

Comment les momies des pyramides ont-elles disparu ?

Aucune momie n'a jamais été retrouvée dans les pyramides. Pourtant, les voleurs ne s'emparaient que des trésors. Même la pyramide de l'épouse de Snéfrou, qui n'a jamais été pillée, ne contenait pas de momie. Les archéologues s'interrogent donc : les pharaons étaient-ils vraiment enterrés dans leurs pyramides ? À quoi servaient-elles dans ce cas et où sont cachées les momies ? De nombreux mystères restent à dissiper...

Pourquoi les pyramides ont-elles presque toutes été pillées ?

Malgré les précautions prises lors de leur construction, les pyramides ont été visitées et vidées de leurs fabuleux trésors dès l'Antiquité. En fait, les voleurs étaient souvent les ouvriers eux-mêmes, qui connaissaient bien les secrets de l'édifice.

Pourquoi les pyramides ont-elles rapetissé avec le temps ?

Il n'y avait plus assez d'argent dans les caisses de l'État. Alors, on les construisit de plus en plus petites. Au Moyen Empire, l'intérieur des pyramides était même

La pyramide de Dahshour, dite rhomboïdale, fut construite sous l'Ancien Empire par le roi Snéfrou.

Pourquoi les Égyptiens ont-ils arrêté de construire des pyramides ?

Parce qu'elles étaient pillées. Le tombeau du pharaon n'était pas assez protégé. Vers 1550 av. J.-C., les Égyptiens décidèrent d'enterrer leurs pharaons dans des tombes plus discrètes, creusées sous les montagnes, au sud du pays. Ce site isolé, nommé la Vallée des Rois, fut choisi parce que les montagnes avaient la forme naturelle… de pyramides ! C'est là que fut enterré Toutankhamon.

bâti en briques faites avec de la boue séchée du Nil, car les pierres étaient trop chères. Seul l'habillage extérieur était en calcaire. Ces pyramides de boue sont à présent en ruine.

Pourquoi Imhotep était-il considéré comme un grand savant ?

Il est l'inventeur des pyramides, mais aussi de l'architecture en pierre. Il était également chancelier, astronome, prêtre, médecin, écrivain… Une sorte de Léonard de Vinci égyptien !

INCROYABLE !

« Pyramide », du grec « pyramis », signifie « petit gâteau » ! En donnant ce nom à ces immenses constructions, les Grecs de l'Antiquité ont voulu se moquer des Égyptiens !

La construction des pyramides

- Construire une pyramide exigeait une vingtaine d'années et l'effort de 20 à 30 000 personnes. Le projet démarrait bien avant la mort du pharaon, qui contrôlait les travaux.

- À l'époque, on ne connaissait ni les outils en fer, ni la roue, ni les grues, ni les poulies. C'est un exploit d'avoir construit des édifices aussi imposants avec si peu de moyens !

- La forme, les dimensions et l'inclinaison des pyramides étaient calculées à l'avance, de manière très précise, par des architectes.

Comment choisissait-on l'endroit de la construction ?

C'était tout un problème ! Il fallait trouver un site au sol assez dur pour supporter le poids de la pyramide, pas trop éloigné du Nil car les pierres étaient apportées par bateau, mais pas trop proche à cause des crues. C'est le pharaon qui décidait du lieu, aidé de ses architectes.

Comment posait-on les fondations de la pyramide ?

Les ouvriers traçaient un grand carré au sol en plantant des piquets de bois aux angles et en tendant entre eux des cordes en fibre de palmier. Les 4 côtés du carré devaient faire face aux 4 points cardinaux : le Nord, le Sud, l'Est et l'Ouest. La boussole n'existait pas encore à l'époque, c'est donc un prêtre astronome qui déterminait leur position en observant les étoiles.

Pourquoi peut-on dire que les pyramides, c'est mou dedans et dur dehors ?

Parce qu'elles étaient faites de 2 sortes de pierre : l'intérieur était bâti dans un calcaire tendre et friable ; l'extérieur était recouvert d'une couche de calcaire dur, de meilleure qualité. Depuis, les pyramides ont perdu cette coque de calcaire dur ; beaucoup ont disparu à cause de l'érosion et celles qui subsistent sont très fragiles.

La construction des pyramides, très longue et très dangereuse, nécessitait une main-d'œuvre nombreuse.

Comment les ouvriers faisaient-ils pour extraire les pierres dans les carrières ?

Ils n'avaient pas d'outils de fer ! Ils découpaient la roche avec des ciseaux en cuivre ou en dolérite (une pierre très dure) qu'ils frappaient avec des maillets. Puis ils glissaient des coins en bois sous les blocs et les aspergeaient d'eau. Le bois mouillé gonflait et fissurait la pierre, libérant les blocs.

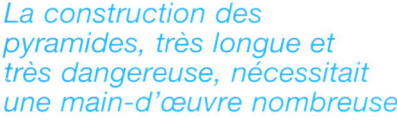

Comment faisaient-ils pour charrier les pierres ?

Ils faisaient basculer les blocs de pierre à l'aide de cordes et de leviers sur des traîneaux qui étaient tirés par des groupes de 30 hommes environ. Pour leur faciliter la tâche, un ouvrier mouillait le sol devant le traîneau : ça glisse mieux dans la boue !

INCROYABLE !
Chaque bloc de pierre calcaire pesait 2 tonnes et demie en moyenne. C'est le poids d'un hippopotame ! Les blocs en granit pesaient même jusqu'à 50 tonnes.

Comment hissait-on les pierres en haut de la pyramide ?

Les Égyptiens élevaient des rampes en brique le long de la pyramide pour y faire passer leurs traîneaux. Ces rampes étaient garnies de rondins de bois pour que les chariots y roulent plus facilement. Elles étaient aussi assez larges pour être empruntées à double sens : à gauche, les chariots pleins montaient ; à droite, les vides redescendaient. Attention aux collisions !

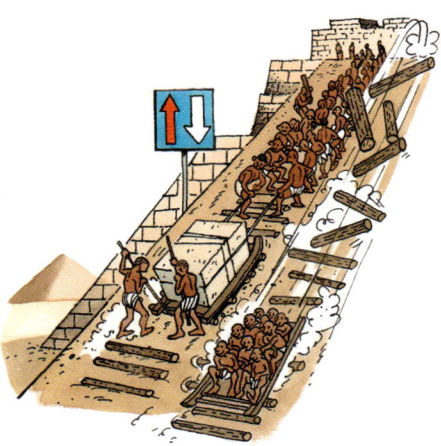

Pourquoi les pyramides sont-elles de vrais labyrinthes ?

À l'intérieur d'une pyramide, il existe de nombreux couloirs. Un seul mène à la chambre du pharaon. Les autres sont des passages sans issue, condamnés par des dalles de granit ou obstrués par de gros rochers. Il existe aussi de fausses portes, des chambres funéraires vides avec des puits d'aération où l'on peut tomber. Le voleur qui entrait dans la pyramide n'était pas près d'en ressortir !

Pourquoi les archéologues se disputent-ils au sujet des rampes ?

Personne ne sait comment elles étaient placées. Beaucoup disent qu'il y avait juste une rampe droite et perpendiculaire à l'un des côtés de la pyramide. Mais d'autres pensent que la rampe serpentait autour de la pyramide. D'autres encore croient qu'il y avait 4 rampes, une sur chaque face, placées en zigzag. Il faudrait peut-être se décider !

Comment entrait-on dans une pyramide ?

Difficilement ! L'entrée était située sur la face nord de la pyramide, en hauteur (il fallait prendre une échelle pour y accéder), et elle était scellée avec une dalle de granit qui la rendait invisible. Ce dispositif servait à décourager les voleurs. À présent, les touristes pénètrent par des entrées percées exprès pour eux au ras du sol.

Comment faisait-on pour placer le sarcophage dans la pyramide ?

Les archéologues se sont beaucoup interrogés, car les sarcophages sont très larges et les couloirs très étroits. La réponse est simple : le sarcophage était placé dans le caveau au moment de la construction de la pyramide. Il ne restait plus qu'à ajouter la momie du

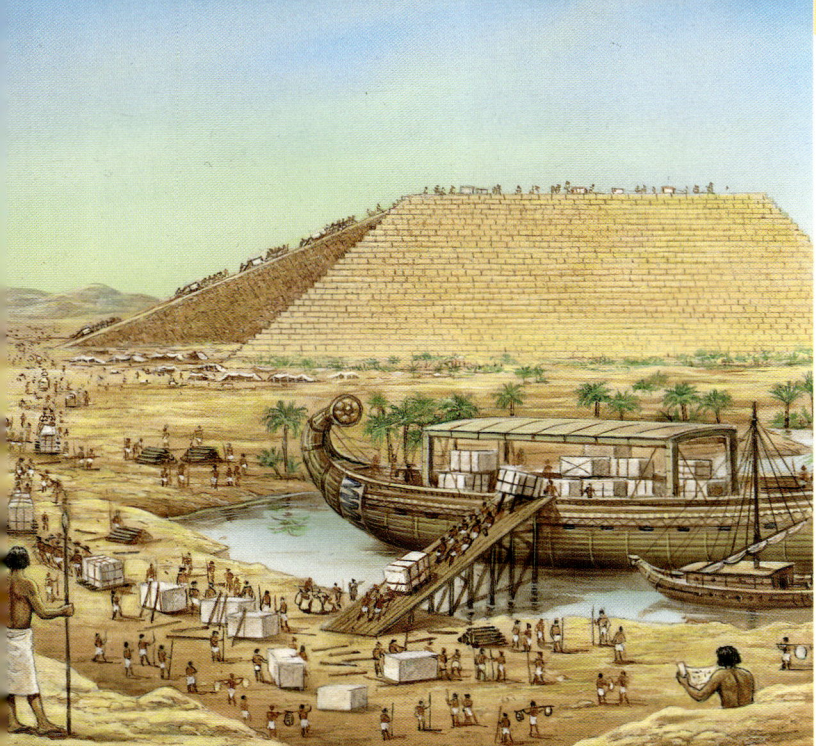

Le chantier était situé près du Nil. En période de crue, les bateaux pouvaient s'approcher pour débarquer leur cargaison de pierres.

Pourquoi les pyramides brillaient-elles ?

Grâce à la blancheur de la pierre calcaire polie, qui reflétait le soleil. Leur sommet se terminait par une sorte de minipyramide, le pyramidion, couvert d'un étincelant alliage d'or et d'argent appelé l'électrum. Aujourd'hui, elles ne brillent plus, car l'or et les pierres de qualité ont été volés.

Comment terminait-on la construction ?

Les ouvriers habillaient la pyramide de blocs de calcaire durs qu'ils taillaient au ciseau pour lui donner sa forme régulière. Puis ils enlevaient les rampes et dressaient des échafaudages contre les parois. Ainsi installés, ils polissaient la pyramide avec de la poudre abrasive pour la rendre lisse et belle.

pharaon, qui, elle, passait sans problème dans les couloirs !

INCROYABLE !

Le travail final de polissage des pierres était d'une minutie extraordinaire. On dit souvent qu'il était impossible de glisser une lame de couteau, voire un cheveu, entre les pierres !

Les pyramides de Gizeh

- Le site de Gizeh abrite les 3 plus célèbres pyramides d'Égypte. La première est la Grande Pyramide, édifiée pour le pharaon Khéops. Sa pointe culminait autrefois à 147 m (136 m de nos jours). C'est la plus gigantesque de toutes.

- La deuxième a été bâtie pour le pharaon Khéphren, fils de Khéops. Elle mesurait 144 m de haut (133 m à présent).

- La troisième est celle de Mykérinos, petit-fils de Khéops. C'est la plus petite. Elle ne mesurait que 70 m (66 m aujourd'hui).

Pourquoi la pyramide de Khéphren paraît-elle plus grande que celle de Khéops ?

Parce qu'elle est construite sur un terrain surélevé. En réalité, elle est plus petite de 3 m que la pyramide de Khéops. C'est de la triche !

Comment les grosses pyramides ont-elles parfois fait des petites ?

Le site de Gizeh comptait autrefois… 10 pyramides. En plus des 3 grandes, il y en avait 7 autres, plus petites, baptisées les pyramides des reines. En réalité, seules quelques-unes ont abrité le corps des épouses royales. Les autres servaient à entreposer les canopes, les vases contenant les viscères des pharaons, enlevés lors de l'embaumement.

Pourquoi Khéops est-elle l'œuvre d'un perfectionniste ?

Sa construction est d'une précision époustouflante pour l'époque. Les côtés de sa base n'ont pas plus de 20 cm de différence. Le travail pour aplanir le sol est encore plus impressionnant : il n'y a que 13 mm de différence de niveau entre les angles sud-est et nord-ouest de la pyramide.

Pourquoi Khéops a-t-elle été surnommée la montagne du pharaon ?

Au XIXe siècle, les voyageurs européens s'amusaient

« *Le temps se rit de toute chose, mais les pyramides, elles, se rient du temps* ». Ce proverbe arabe rend hommage aux pyramides de Gizeh, qui dominent la vallée du Nil depuis 4 500 ans.

gigantesques pyramides à un peuple fatigué. Mykérinos, dont la pyramide est plus humble, fut un roi bon et juste. C'était aussi un époux attentif : sa pyramide est bordée de 3 autres, plus petites, destinées à ses épouses. La plus grande des 3 abritait le corps de sa favorite, Khamerernebty, dont il était très amoureux.

à escalader la Grande Pyramide, d'où le surnom que lui donnèrent les Égyptiens. Mais les chutes étaient fréquentes et parfois mortelles… En plus, cela abîmait l'édifice. De nos jours, il est absolument interdit de tenter l'escalade.

Pourquoi Mykérinos est-elle petite par la taille mais grande par le cœur ?

Selon les historiens grecs, Khéops et Khéphren furent d'odieux tyrans, imposant la construction de leurs

INCROYABLE !
Le site de Gizeh est la première et la plus ancienne des Sept Merveilles du monde. C'est aussi la seule des Sept Merveilles à avoir survécu !

Le Grand Sphinx

- Cette œuvre, haute de 20 m et longue de 73 m, est la statue la plus gigantesque que nous ait léguée l'Antiquité.

- Le Grand Sphinx est formé d'un corps de lion allongé et d'une tête humaine sculptée d'après les traits du pharaon Khéphren. Il porte le némès, la coiffe royale traditionnelle.

- La statue du sphinx a été taillée sur place, directement dans le calcaire du promontoire rocheux qui domine le Nil.

Pourquoi le sphinx a-t-il un corps de lion ?

L'entrée des temples était souvent entourée de statues de lions. Le lion représente le protecteur des lieux sacrés. Il monte la garde devant la pyramide pour faire peur aux mauvais esprits. En outre, le lion est depuis longtemps réputé comme le roi des animaux. Il est donc aussi un symbole du pouvoir royal.

Comment le sphinx a-t-il été sauvé des sables ?

À cause des tempêtes de sable, le sphinx a passé toute sa vie enlisé jusqu'au cou. Seule sa tête dépassait ! La première tentative pour le dégager date de 1400 av. J.-C. Mais, chaque fois, le sable mouvant du désert le recouvrait à nouveau. Depuis 1925, il a été définitivement désensablé et peut enfin respirer !

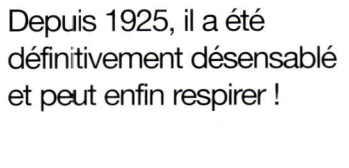

Pourquoi a-t-il le cou tout ridé ?

Parce qu'il a été sculpté dans le calcaire local, une roche facile à travailler mais très fragile. Le vent et le sable ont donc attaqué la pierre du sphinx et l'ont creusée de sillons aux endroits les plus exposés.

Pourquoi le sphinx a-t-il le nez cassé ?

Ce sont des soldats musulmans, au XVe siècle, qui lui brisèrent le nez, car le Coran interdit toute représentation des dieux. Le sphinx n'était pas

Cette colossale statue, connue du monde entier, monte la garde devant la pyramide du roi Khéphren depuis 4 500 ans.

Comment le sphinx a-t-il perdu sa barbe ?

Le sphinx portait une barbe postiche, comme les pharaons. Mais elle s'est détachée à cause de l'érosion. Les Égyptiens essayèrent de la « recoller » en la soutenant avec une colonne de pierre, mais en vain. On a retrouvé un fragment de barbiche en pierre dans le sable, sous la tête du sphinx.

un dieu, mais il a quand même été mis K.-O. !

qu'il s'endormit sous la tête du sphinx. Il rêva alors que celui-ci le ferait monter sur le trône s'il réussissait à le délivrer du sable qui le recouvrait. Ce qu'il fit. Il plaça ensuite une tablette gravée racontant son rêve aux pieds de la statue.

Pourquoi y a-t-il une stèle gravée entre les pattes du sphinx ?

En 1400 av. J.-C., le futur roi Thoutmôsis IV, qui n'était encore qu'un prince, partit chasser dans le désert. Au retour, il était si fatigué

INCROYABLE !

Le grand Sphinx a passé 4 500 ans enfoui sous le sable. Aujourd'hui, à peine sorti le bout de son nez, on parle de l'ensevelir à nouveau pour le protéger de la pollution du Caire !

Les bâtisseurs de pyramides

- Il pouvait y avoir jusqu'à 30 000 hommes sur le chantier. Parmi eux se trouvaient les meilleurs ouvriers du royaume : tailleurs de pierre, maçons, charpentiers, forgerons, mais aussi géomètres, ingénieurs et artisans.
Ils étaient payés en fin de journée et en nature, avec du grain, de la bière, de l'huile et de la toile de lin.

- Les manœuvres qui charriaient les blocs de pierre étaient des esclaves, des prisonniers de guerre et surtout des paysans.

Pourquoi les paysans ne participaient-ils au chantier que pendant la crue ?

Durant cette période, ils ne pouvaient travailler dans leurs champs, inondés par les eaux. Des soldats de l'armée passaient alors dans les campagnes et recrutaient des paysans, qu'ils envoyaient sur le chantier. Ils n'avaient pas le choix.

Pourquoi chaque équipe d'ouvriers était-elle entourée de 3 personnes ?

Chaque équipe était escortée par un contremaître, qui dirigeait le travail, par un soldat, qui veillait à la discipline, et par un scribe, qui faisait l'appel le matin et qui notait le nom des outils utilisés afin de veiller à ce qu'aucun ne soit perdu.

Pourquoi les cités ouvrières étaient-elles si bien gardées ?

Jour et nuit, des soldats montaient la garde aux portes de la cité. Certains artisans, qui connaissaient les secrets de la pyramide, résidaient dans la ville et étaient surveillés de près. Le chantier terminé, ils devaient rester là jusqu'à la fin de leur vie. Ils s'occupaient de l'entretien de la pyramide.

Ruines des maisons et des tombes des ouvriers de la Vallée des Rois. Ce village était construit très près du chantier.

Comment étaient les conditions de travail sur le chantier ?

Les ouvriers étaient logés en famille dans une ville bâtie à côté du chantier. Tous les 10 jours, un jour de congé leur était donné. Les jours de fête étaient fériés et, en cas de maladie, des jours de repos leur étaient accordés. La plupart étaient fiers de participer au chantier.

Pourquoi les ouvriers faisaient-ils parfois grève ?

Une grève pouvait se déclarer quand les cargaisons de grain qui servaient à rémunérer les ouvriers tardaient à arriver. Mais les grèves étaient rares. En général, les ouvriers du chantier étaient contents de leur sort.

Pourquoi le travail était-il dangereux ?

Les accidents étaient fréquents : des pierres se détachaient des traîneaux et écrasaient les ouvriers ; certains tombaient des échafaudages ; parfois, les traîneaux se percutaient ou glissaient des rampes.

INCROYABLE !

Selon Hérodote, célèbre historien grec, la grande pyramide de Khéops nécessita le travail de 100 000 hommes durant 20 ans ! Pour les historiens actuels, 30 000 auraient suffi.

La Vallée des Rois

- À partir de 1567 av. J.-C., les Égyptiens cessèrent de construire des pyramides, car, trop voyantes, elles étaient facilement pillées. Inéni, l'architecte du pharaon Thoutmôsis Ier, créa un nouveau style de tombeaux, creusés dans le rocher, en sous-sol : les hypogées.

- Une vallée désertique et isolée, située près de Thèbes, la nouvelle capitale, fut choisie pour accueillir les tombes. Durant 5 siècles, jusqu'en 1070 av. J.-C., une soixantaine de pharaons y furent enterrés.

- Cette Vallée des Rois a deux voisines : la Vallée des Reines, pour les épouses des pharaons, et la Vallée des Nobles, pour les dignitaires de la cour.

Comment étaient surveillées les tombes ?
Le peuple croyait qu'une déesse à tête de cobra et au venin mortel vivait sur la montagne au-dessus de la vallée et veillait sur les tombes. En réalité, des policiers aux ordres du pharaon, les medjaï, faisaient des rondes.

Comment étaient-elles construites ?
Toujours sur le même plan : après l'entrée se trouvait un puits large et profond. Il n'y avait aucun moyen de le franchir. Il servait à bloquer les voleurs, mais aussi à empêcher l'eau de pluie de s'écouler et de noyer la tombe. Ensuite, le couloir descendait jusqu'au caveau du roi, surnommé la Salle dorée. D'autres chambres, situées le long du couloir, étaient garnies de trésors.

Pourquoi fut-ce un plaisir d'ouvrir le sarcophage d'Amenhotep Ier ?

Ce pharaon est mort en 1504 av. J.-C. Quand les archéologues ouvrirent son sarcophage, un parfum de fleurs se répandit aussitôt. Les guirlandes de fleurs déposées 3 000 ans plus tôt dans sa tombe embaumaient encore ! On retrouva même le corps séché d'une guêpe, qui s'était retrouvée prisonnière du cercueil.

Aride et encaissée, la Vallée des Rois était facile à surveiller. 80 tombes y ont été retrouvées à ce jour.

pourquoi les momies de ces cachettes n'étaient-elles pas en très bon état ?

Parce que les voleurs arrachaient les bandelettes des momies pour prendre les amulettes précieuses cachées entre les épaisseurs du tissu. Les prêtres étaient obligés de reposer les bandelettes plus tard, mais le résultat n'était pas le même !

pourquoi, dans certaines tombes, a-t-on retrouvé plusieurs momies ?

Malheureusement, même les hypogées furent pillés. Les voleurs s'emparaient des trésors, mais pas des momies. Celles-ci furent donc regroupées et enterrées plus tard dans des caches secrètes.

Comment vivaient les ouvriers des hypogées ?

Les ouvriers étaient les meilleurs artisans du royaume. Des serviteurs leur apportaient de l'eau. La journée de travail durait 8 heures et il y avait de nombreux jours fériés !

INCROYABLE !
Le plus grand hypogée a un couloir de 100 m de longueur menant à la chambre royale. Un autre couloir exploré sur 127 m descend après le caveau. Personne n'a encore réussi à s'aventurer au-delà !

Le tombeau de Toutankhamon

- Toutankhamon est né en 1363 av. J.-C. Il monta sur le trône à l'âge de 9 ans et mourut vers 19 ans. Son règne ne dura que 10 ans. Il fut un enfant pharaon.

- Sa tombe fut découverte plus de 3 250 ans après sa mort, le 26 novembre 1922, par un égyptologue anglais, Howard Carter, à l'issue de 5 années de fouilles méthodiques dans la Vallée des Rois.

- Cette découverte fut l'un des événements majeurs de l'histoire de l'archéologie. Elle livra un témoignage unique sur la splendeur de la vie des pharaons.

Pourquoi Carter fut-il si obstiné dans ses recherches ?

En 1902, des vases d'embaumement où était inscrit « Toutankhamon » furent retrouvés dans une fosse de la Vallée des Rois. Carter était convaincu que Toutankhamon était un pharaon dont la tombe n'avait pas encore été découverte. Financé par un riche mécène, lord Carnarvon, il commença ses fouilles en 1917. Pendant 5 ans, il creusa sans résultat. Il pensa à abandonner… mais, le 4 novembre 1922, le miracle eut lieu !

Comment la tombe fut-elle découverte ?

En démontant des cabanes de chantier, des ouvriers mirent au jour une marche taillée dans le sol.
En creusant, ils découvrirent un escalier qui descendait sous la montagne et, au bout, une porte scellée. Derrière se trouvaient un couloir puis une seconde porte scellée. Carter perça un trou dans la porte et regarda à travers.

Son assistant lui demanda alors : « Voyez-vous quelque chose ? » Carter répondit : « Oui, des merveilles. »

Comment la momie du pharaon était-elle protégée ?

Elle était cachée sous 4 sarcophages. Le premier étai

En or massif, incrusté de lapis-lazuli, il pèse plus de 10 kg ! Il représente Toutankhamon sous les traits du dieu-Soleil.

en quartzite jaune, une pierre très dure, et fermé par un couvercle de granit rose. Les 2 suivants étaient en bois doré incrusté de pierres précieuses. Le dernier, était en or massif et pesait 110,4 kg ! Ces sarcophages étaient si bien emboîtés que Carter eut du mal à les séparer.

Un amoncellement de bijoux, statues et meubles précieux garnissaient la tombe de Toutankhamon lors de sa découverte.

pourquoi le masque de Toutankhamon est-il si célèbre ?

Ce masque est l'une des œuvres d'art les plus connues au monde.

pourquoi sait-on à présent que des voleurs avaient quand même pénétré à l'intérieur du tombeau ?

Des marques sur la porte ont montré que le caveau avait été ouvert puis rescellé. Dans la première salle, des objets étaient entassés à la hâte. Les voleurs avaient dû être dérangés et avait quitté les lieux en vitesse sans rien emporter.

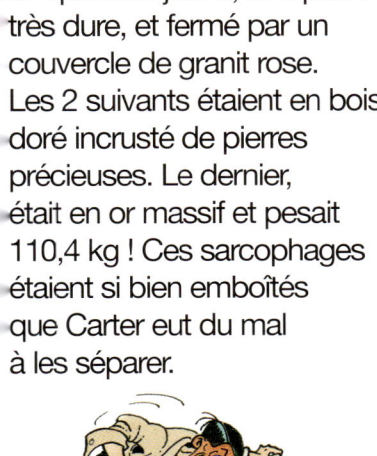

INCROYABLE !

Les 4 chapelles dorées protégeant le sarcophage de Toutankhamon étaient si larges qu'elles auraient pu accueillir une automobile.

de la tombe. Au contact brutal de l'air chaud et sec du désert, le bois des objets rétrécit d'un seul coup, les enduits d'or se détachèrent, le fil des colliers s'émietta. Il fallut tout reconstituer et recoller.

Pourquoi Carter eut-il une mauvaise surprise en découvrant la momie ?

Elle était très abîmée. Les bandelettes avaient pourri et la résine utilisée était de mauvaise qualité. Elle avait noirci et craquelé la peau du corps. Toutankhamon avait même le nez cassé, car les bandelettes avaient été trop serrées sur son visage.

Pourquoi tous les objets sortis du cercueil s'effritèrent-ils aussitôt ?

Ils avaient souffert de l'humidité au fond

Comment est née la malédiction de Toutankhamon ?

Quelques jours avant l'ouverture du tombeau, le petit canari qui avait servi de porte-bonheur à Carter durant toutes les fouilles fut avalé par un cobra ! Les ouvriers du chantier y virent un mauvais présage et répandirent la rumeur d'une malédiction.

Comment la malédiction a-t-elle frappé ?

Lord Carnarvon fut touché le premier. En février 1923, il se coupa un bouton de moustique en se rasant. La plaie s'infecta et il décéda le 5 avril suivant au Caire. Au moment de sa mort, toutes les lumières de la ville s'éteignirent à cause d'une panne de courant… 26 autres personnes qui avaient visité le tombeau, dont des égyptologues célèbres, moururent au cours des mois suivants.

Comment la malédiction s'explique-t-elle ?

À l'époque, on parla d'un virus qui aurait été piégé dans la tombe pendant 3 200 ans. On dit aussi que des chauves-souris avaient transmis une maladie. Mais les analyses scientifiques ont tout démenti.

Pourquoi la malédiction de Toutankhamon est-elle sans doute une légende ?

Si la malédiction était vraie, Carter, Evelyn Carnarvon, la fille du lord anglais, et le savant Callender, qui tous présidèrent à l'ouverture de la tombe, seraient morts eux aussi. Or, ils vécurent de longues années après la découverte. On pense plutôt à présent que le climat de l'Égypte

Difficile à découvrir, la tombe de Toutankhamon était dissimulée par les gravats déblayés pour creuser la tombe de Ramsès VI enterré 200 ans après lui.

Comment Toutankhamon est-il aujourd'hui enterré ?

Il est le seul pharaon enterré de nos jours dans la Vallée des Rois. Sa momie a été remise en place et son caveau rebouché. Il repose désormais en paix, hors de la vue du monde.

Pourquoi pense-t-on aujourd'hui que Toutankhamon fut assassiné ?

La première autopsie du corps de Toutankhamon eut lieu en 1925. Elle révéla qu'il était très jeune (18-19 ans) au moment de son décès. Une seconde autopsie pratiquée en 1968, avec les techniques de la radiographie, a montré qu'il était mort d'un coup porté à la tête, comme le signale un petit éclat d'os retrouvé dans son crâne.

ne réussit pas à tous les archéologues !

INCROYABLE !

143 amulettes en or dissimulées entre les bandelettes furent retrouvées sur la momie de Toutankhamon !

Les temples

- Les temples de l'Égypte antique ne jouaient pas le même rôle que nos églises, mosquées ou synagogues. On n'y rendait aucun culte pour les fidèles.

- Les temples étaient considérés comme les maisons terrestres des dieux. Chacun était dédié à une divinité en particulier. L'esprit de ce dieu habitait le temple sous la forme d'une statue cachée dans le sanctuaire.

- Tous les temples étaient construits sur le même plan, qui copiait la demeure céleste des dieux.

Comment étaient construits les temples ?

L'entrée du temple était précédée d'une allée bordée de statues, le dromos, et encadrée par un haut mur, appelé le pylône. Puis venait une place entourée de colonnes, la cour péristyle. Elle menait à la partie secrète du temple, composée d'une série de salles de plus en plus petites, de la salle hypostyle jusqu'au sanctuaire.

Pourquoi les temples étaient-ils interdits au public ?

Le peuple pouvait pénétrer dans le temple, mais seulement jusque dans la cour. Même les prêtres ne pouvaient pas entrer partout. Seul le grand prêtre, chef du temple, était autorisé à pénétrer dans le sanctuaire, appelé le Saint des saints.

Pourquoi le sol des temples était-il peint en noir et le plafond en bleu ?

Les temples étaient une reproduction en miniature du cosmos. Le sol figurait la terre, et le plafond, le ciel. Les colonnes, sculptées en forme de lotus, palmier ou papyrus, symbolisaient les plantes. Sur les murs étaient peintes les différentes activités humaines.

Comment un temple pouvait-il en réalité cacher une ferme ?

Autour du bâtiment principal s'étendaient des jardins, des ateliers, des magasins pour stocker la nourriture, un lac

L'allée des criosphinx, des lions à tête de bélier, qui précède l'entrée du temple de Louqsor, servait à le protéger des forces du mal.

Pourquoi le temple était-il une véritable usine ?

Les temples employaient un abondant personnel : des paysans, des cuisiniers, des bouchers, des scribes, mais aussi des chanteurs et des astronomes. Les grands temples employaient souvent jusqu'à un millier de personnes !

Comment le dieu était-il installé ?

Sa statue reposait tout au fond du temple, dans un reliquaire sombre et sans fenêtre en forme de chapelle au toit pointu, le naos. Les portes du naos étaient fermées par un sceau en boue séchée que le grand prêtre brisait chaque fois qu'il les ouvrait et qu'il reconstituait ensuite.

sacré, des champs, des prés pour les troupeaux et même un abattoir !

INCROYABLE !

L'allée bordée de sphinx à tête de bélier qui relie le temple de Karnak au temple de Louqsor est longue de 2 km !

Les grands temples

- Ces temples gigantesques furent construits et décorés sur l'ordre de pharaons souhaitant laisser leur marque dans l'Histoire. Ainsi, Ramsès II, grand bâtisseur, éleva à lui seul Abou-Simbel, agrandit Karnak et termina Louqsor.

- Beaucoup de ces temples étaient dédiés à un dieu, tel Amon-Rê, vénéré à Karnak et Louqsor. D'autres, situés dans la Vallée des Rois, étaient des temples funéraires destinés à accueillir la momie du pharaon. On les appelait poétiquement châteaux des millions d'années.

Pourquoi le temple de Karnak est-il si immense ?

C'était le plus grand temple du pays. Il était dédié à Amon, le dieu créateur, et situé à Thèbes, la capitale du pays. Chaque pharaon, en montant sur le trône, voulait y apporter sa touche personnelle. Du coup, le temple était toujours en travaux. Son chantier dura en tout 2 000 ans.

Pourquoi les Égyptiens dressaient-ils des obélisques devant leurs temples ?

L'obélisque symbolise, pour les Égyptiens, la première butte de terre surgie du chaos, sur laquelle le dieu-Soleil se dressa pour créer le Monde. La forme verticale de l'obélisque représente d'ailleurs un rayon solaire pétrifié.

Comment le temple de Louqsor a-t-il perdu son obélisque ?

À l'origine, il en avait 2, dressés par Ramsès II. L'obélisque manquant se trouve depuis 1836 sur la place de la Concorde, à Paris, car l'Égypte en a fait cadeau à la France.

Pourquoi le temple d'Abou-Simbel est-il si impressionnant ?

Parce qu'il est creusé à même la falaise et s'élève seul, en plein désert de Nubie, tout au sud de l'Égypte. Il est décoré, à l'intérieur comme à l'extérieur.

Ces 4 énormes statues, qui gardent l'entrée du temple de Ramsès II à Abou-Simbel, illustrent le goût du pharaon pour le grandiose.

Pourquoi le temple d'Abydos est-il réputé le plus beau ?

Abydos est la ville où, d'après la légende, la tête d'Osiris, démembré par Seth, fut retrouvée et réunie à son corps. Séti Iᵉʳ y fit élever un temple connu pour ses bas-reliefs, dont les peintures ont étrangement gardé toutes leurs couleurs.

de colossales statues de Ramsès II dont les pieds, à eux seuls, sont plus hauts que des hommes.

pharaon, le fit construire pour y être enterrée. Le plan de l'édifice est très original : il est construit sur 3 niveaux, qui forment des terrasses fermées par des colonnes. Autrefois, il était entouré de jardins étonnants où vivaient des animaux exotiques.

Comment le temple de Hatchepsout se distingue-t-il de tous les autres ?

Il s'agit d'un temple funéraire. Hatchepsout, femme

INCROYABLE !

La salle hypostyle du temple de Karnak compte 134 colonnes géantes. Celles du centre de la salle sont plus hautes que des immeubles de 9 étages !

55

Peintres et sculpteurs

- Les monuments de l'Égypte antique étaient couverts de couleurs : murs, sols, plafonds, colonnes. Des statues colossales, des obélisques, des bas-reliefs, des fresques ornaient chaque édifice.

- Les artistes étaient considérés comme des artisans, au même titre que les charpentiers ou les potiers. À l'époque, l'art n'était pas affaire d'inspiration. La création des œuvres était régie par des règles immuables et très précises.

Comment les artistes peignaient-ils les fresques ?

D'abord, ils lissaient le mur, puis ils le couvraient d'un grand quadrillage avec une cordelette trempée dans de la peinture rouge, un peu comme les carreaux de nos cahiers d'école ! Cela les aidait à bien placer les personnages.

Pourquoi les peintres faisaient-ils à tous « la tête au carré » ?

Pour dessiner les personnages, les peintres suivaient la règle de la « mise au carreau ». Le personnage principal de la fresque devait mesurer 19 carrés de haut : sa coiffure occupait 1 carré ; son visage 2 carrés ; son torse et ses cuisses 10 carrés ; ses jambes 6 carrés. En largeur, les bras occupaient 1 carré et les yeux 3/4 de carré. Pas d'improvisation !

Comment travaillaient-ils en équipe ?

Le « scribe des contours » traçait les dessins sur le mur quadrillé. Le tailleur de pierre creusait ensuite les formes pour faire ressortir les contours. Puis venaient les peintres, qui coloraient les personnages et ajoutaient des détails.

pourquoi les peintres étaient-ils des sortes de magiciens ?

On prêtait à la peinture un pouvoir magique : les artistes peignaient les morts sur les murs des tombes et les dieux sur ceux des temples pour leur redonner vie et réalité. La peinture devait être le plus fidèle possible et n'omettre aucun détail ni point de vue. Car s'il manquait un œil ou une jambe au personnage, il aurait du mal à se déplacer dans l'au-delà !

Une fois le caveau refermé, les Égyptiens croyaient que les peintures prenaient vie et divertissaient les morts.

comment fabriquaient-ils la peinture ?

Ils écrasaient des roches pour en faire de la poudre. Le rouge venait de l'oxyde de fer, le vert de la malachite et le jaune du sulfure d'arsenic. Pour le noir, ils utilisaient de la suie, du charbon ou des os réduits en cendres. Ils mélangeaient ensuite cette poudre avec du blanc d'œuf et de la gomme arabique (une sorte de colle) pour obtenir une pâte.

INCROYABLE !

Les couleurs des fresques de l'Égypte antique ont toujours gardé le même éclat depuis 5 000 ans. Les pigments utilisés à l'époque pour peindre étaient d'excellente qualité !

Pourquoi ne fallait-il pas avoir peur du noir pour être artiste ?

Les artistes travaillaient souvent au fond des tombes, tassés à plusieurs dans des caveaux étroits et obscurs, éclairés à la torche ou par une lampe à huile qui dégageait de la fumée.

simplement montrer le monde sous tous ses angles.

Comment les artistes faisaient-ils pour décorer le plafond des temples ?

Au fur et à mesure que le temple était édifié, on élevait contre les murs des remblais de terre qui permettaient de hisser les pierres. Une fois la construction achevée, les peintres montaient sur ces tas de terre et décoraient le plafond et le haut des colonnes. Puis on enlevait la terre progressivement.

Pourquoi les objets étaient-ils souvent empilés les uns au-dessus des autres ?

Pour représenter des objets placés dans un panier, les Égyptiens peignaient le panier et, empilé par-dessus, tout ce qu'il contenait. Ils ne se contentaient pas de peindre un bout d'élément, il fallait tout montrer.

Pourquoi les peintures égyptiennes font-elles un peu penser à Picasso ?

La peinture égyptienne multiplie les points de vue, comme le fera Picasso plus de 4 000 ans après ! Les personnages sont tordus : on voit leur tête, leurs bras et leurs jambes de profil, mais leurs épaules et leurs yeux sont représentés de face. Les artistes égyptiens ne cherchaient pas à créer un style, ils voulaient

Pourquoi les personnages avancent-ils toujours la jambe gauche ?

Le hiéroglyphe qui signifie le mot « homme » a la forme d'un petit bonhomme en train de marcher, la jambe gauche en avant. Les artistes se sont contentés de reprendre la forme de ce hiéroglyphe pour représenter leurs personnages. La peinture était très influencée par l'écriture.

Ces 8 statues colossales d'Osiris ornent l'entrée du temple de Ramsès II.

Pourquoi les statues ont-elles l'air si rigides ?

Elles étaient construites sur un plan géométrique, avec des lignes à angle droit, les épaules de face. La tête n'était jamais inclinée ou penchée. Seule la position des bras pouvait varier.

Pourquoi les personnages peints ont-ils des tailles souvent différentes ?

La taille dépend du statut du personnage : dans les fresques, le pharaon est souvent peint comme un géant ; sa femme, ses enfants et tous ses sujets ne lui arrivent même pas au genou !

Les peintures ou sculptures étaient l'œuvre d'équipes.

Pourquoi aucun artiste de l'Égypte antique n'est-il resté connu ?

Parce qu'ils ne signaient jamais. Leur travail était anonyme.

INCROYABLE !
La statue de Ramsès II, qui ornait le temple du pharaon situé à Thèbes était haute de 18 m et pesait 1 000 tonnes. Elle était sculptée dans le granit rose. Elle est aujourd'hui effondrée et repose à terre dans la cour.

Les prêtres

- Dans la religion égyptienne, le pharaon est le seul intermédiaire entre les hommes et les dieux. Mais comme il ne peut pas être partout à la fois, il délègue son pouvoir à des prêtres qui agissent en son nom.

- Le rôle des prêtres était de s'occuper des dieux et de pourvoir à leurs besoins à travers toute une série de rites quotidiens au sein des temples. En retour, les dieux assuraient la protection du pays, de la ville ou de la région où ils étaient vénérés.

Comment devenait-on prêtre en Égypte ?

De père en fils ! Les futurs prêtres entraient en apprentissage dans le temple dès leur tendre enfance. Ils étudiaient à l'école et à la bibliothèque du temple avec les scribes. Être prêtre était une charge prestigieuse pour les familles. Elle pouvait parfois s'acheter ou être obtenue du pharaon en récompense de bons et loyaux services.

et jouait un rôle politique dans la ville. En dessous venaient les « pères divins » : des prêtres importants, qui s'occupaient des rituels et marchaient devant la statue du dieu lors des processions. Tout en bas, il y avait les « purifiés » : ils portaient la statue pendant les processions, nettoyaient le temple et se chargeaient de toutes les corvées.

Comment était organisée la hiérarchie des prêtres dans les grands temples ?

Tout en haut de l'échelle, nommé par le pharaon, régnait le grand prêtre, appelé « le premier prophète ». Il avait beaucoup de pouvoir, il dirigeait tous les prêtres

Pourquoi les prêtres ne sont-ils jamais représentés sur les murs des temples ?

Parce qu'ils n'étaient que de simples fonctionnaires ! Seul le pharaon, en compagnie des dieux, était peint sur les fresques ornant les temples.

Les prêtres étaient toujours présents lors des cérémonies officielles. Ci-dessus, la cérémonie de la fondation célébrée pour la construction des temples.

pourquoi les prêtres formaient-ils des équipes ?

Les prêtres travaillaient beaucoup. Pour leur permettre de se reposer, ils étaient classés par équipes. Chacune d'elles travaillait à tour de rôle, par roulement d'un mois. Pendant que l'une vivait dans le temple, les autres vivaient en ville.

Dans les grands temples, il y avait jusqu'à 4 équipes.

pourquoi les prêtres avaient-ils le droit de se marier ?

Justement à cause de ce système d'équipes ! On ne pouvait pas demander aux prêtres de vivre tout seuls en ville. Ils étaient donc autorisés à se marier. Quand ils quittaient le temple, ils retrouvaient leur femme et leurs enfants, mais aussi leur travail ! Les prêtres étaient des hommes comme les autres.

INCROYABLE !

Pour rester purs, les prêtres devaient se laver dans le lac du temple 4 fois par jour : 2 fois pendant la journée et 2 fois pendant la nuit !

Rites et offrandes

- La vie quotidienne au sein des temples était réglée par un ensemble de rites assurés par les prêtres. Le but de ces rites était d'éveiller l'esprit du dieu vénéré dans le temple, afin que son pouvoir puisse protéger la ville, la région ou le pays.
- Les dieux et le pharaon étaient les seuls garants de l'harmonie du monde (le Maât). Sans rites, tout risquait de s'arrêter : les crues du Nil seraient déréglées, les plantes ne pousseraient plus... Le respect des rites constituait le socle de la société égyptienne.

Comment les prêtres s'occupaient-ils de leurs dieux ?

Ils étaient aux petits soins. Tous les matins, le grand prêtre se rendait dans le sanctuaire pour offrir à la statue du dieu un plateau bien garni de nourriture (du pain, des oies rôties, des fruits, des gâteaux, du vin, de l'eau). Puis il la nettoyait, la frottait d'huiles parfumées, l'habillait, la maquillait et la parait de bijoux !

Comment le grand prêtre disait-il bonjour au dieu ?

Au moment exact du lever du soleil, il ouvrait les volets du reliquaire où se trouvait la statue du dieu et il entonnait l'« hymne du réveil » en donnant une accolade à la statue. Cette étreinte virile aidait l'esprit du dieu, monté au ciel pendant la nuit, à redescendre dans la statue pour entamer la nouvelle journée.

Comment le grand prêtre pénétrait-il dans le sanctuaire ?

Toujours tout seul, en se prosternant et en embrassant le sol. Il tenait une torche allumée, car il faisait très noir, et brûlait de l'encens pour purifier l'atmosphère. En ressortant, il balayait derrière lui ses traces de pas.

Pourquoi élevait-on souvent des chats dans les temples ?

Pour les sacrifier ! Les fidèles venaient dans le temple afin de formuler un vœu ou de

À la fin de chaque rituel et après que l'esprit du dieu se fut « nourri » de toutes ces offrandes, les prêtres se partageaient les plateaux de nourriture et s'en régalaient ! Lors des grandes cérémonies, ils sacrifiaient même des bœufs et des veaux.

remercier le dieu. Pour cela, ils achetaient un chat, et le prêtre le sacrifiait en lui brisant la nuque. Pour les Égyptiens, ce n'était pas cruel puisque la mort donnait accès à la vie éternelle. Les temples abritaient souvent de véritables élevages de chats, de chiens ou d'ibis destinés aux sacrifices !

Pourquoi, avec son repas, offrait-on aussi au dieu une petite figurine ?

Cette figurine représentait Maât, la déesse de l'harmonie, reconnaissable à la plume d'autruche qu'elle porte sur la tête (cette plume symbolise l'équilibre pour les Égyptiens).

L'esprit du dieu se nourrissait de cette statue afin de mieux maintenir l'ordre dans le pays par l'intermédiaire du pharaon. Le don de Maât était le point culminant du rite.

INCROYABLE !

Dans la cour des temples, des femmes étaient payées pour danser, chanter et faire des acrobaties tout au long de la journée pour divertir les dieux !

Des fêtes grandioses

- L'année égyptienne était rythmée de nombreuses fêtes religieuses et d'une multitude de cérémonies publiques : la fête de la moisson, l'anniversaire du couronnement du pharaon, le heb-Sed...

- Toutes ces fêtes étaient pour les Égyptiens prétexte à s'amuser. Des musiciens et des acrobates accompagnaient les défilés religieux.

- Les rituels étaient suivis de gigantesques banquets où l'on buvait et ripaillait en chantant et en dansant.

Pourquoi les dieux égyptiens aimaient-ils faire la fête ?

Parce qu'ils passaient tout le reste de l'année enfermés dans l'ombre du sanctuaire, au fond du temple. Les jours de fête, on les emmenait se promener. La statue du dieu était placée sur une barque portative que les prêtres posaient sur leurs épaules avant de défiler dans toute la ville.

Comment, tous les ans, Amon-Rê s'offrait-il une petite croisière sur le Nil ?

Tous les ans, en juillet, avait lieu à Thèbes la fête d'Opet en l'honneur d'Amon-Rê. La statue du dieu, placée sur une barque longue de 30 m, en cèdre du Liban recouvert de feuilles d'or, remontait le Nil pour être transportée du temple de Karnak, où elle était vénérée durant l'année, jusqu'au temple de Louqsor, dédié au pharaon. Elle y séjournait pendant 12 jours environ, puis revenait.

Comment, au cours du heb-Sed, le pharaon montrait-il qu'il avait toujours la forme ?

Au bout de 30 ans de règne, le pharaon devait prouver au peuple qu'il était encore assez vigoureux et en bonne santé pour continuer à régner. Une grande fête était organisée : le heb-Sed. Au cours de la cérémonie, le pharaon devait sprinter sur un stade !

> Les processions étaient pour le peuple, qui n'avait pas accès au sanctuaire, une occasion unique de s'approcher de leurs dieux.

sanctuaire et était placée… sur le toit du temple, orientée vers le soleil levant. Quand les rayons du soleil la frappaient, la statue était censée se recharger en énergie pour toute l'année suivante ! Cette cérémonie était appelée l'Union au disque.

Il était ensuite recouronné et c'était reparti pour 30 ans !

Pourquoi la fête d'Osiris était-elle une des plus importantes de l'année ?

Cette fête commémorait la mort du dieu et sa résurrection. Elle avait lieu le 4e mois de la saison de l'Inondation (début novembre), au moment où la crue du Nil baissait et où les terres, fertilisées par le limon, se mettaient à germer. La fête d'Osiris célébrait donc la renaissance du pays.

Comment le nouvel an était-il fêté ?

Selon le calendrier égyptien, cette fête avait lieu le 19 juillet, en plein été. Dans tous les temples du pays, la statue du dieu sortait de son

INCROYABLE !

La fête la plus longue de l'histoire égyptienne eut lieu en 1194 av. J.-C. Au lieu de durer 12 jours, comme d'habitude, la fête d'Opet dura cette année-là 27 jours !

Pourquoi le pharaon accompagnait-il la procession de la fête d'Opet ?

Le char du pharaon, depuis la rive, suivait la barque portant la statue d'Amon-Rê. Le dieu et le pharaon se réunissaient dans le temple de Louqsor et, ensemble, ils déclenchaient la crue du Nil, qui débutait comme par hasard juste au même moment de l'année ! Grâce à la fête d'Opet, tous les ans le pharaon réaffirmait son pouvoir divin.

Pourquoi les fêtes de Bès étaient-elles les plus populaires ?

Bès était un génie protecteur, qui avait l'apparence d'un gnome grimaçant, avec une barbe et des oreilles de lion. Grâce à ce physique repoussant, il effrayait les mauvais esprits et apportait la bonne humeur dans les maisons. Les Égyptiens l'adoraient. Durant sa fête, ils dansaient dans les rues, portaient des masques à son effigie et agitaient des crécelles et des tambourins pour faire le plus de vacarme possible.

Comment les convives se divertissaient-ils pendant les banquets ?

Les repas duraient des heures. Mais les invités ne s'ennuyaient jamais, car ils étaient au spectacle. Des conteurs récitaient des histoires, puis venaient des acrobates, des musiciens et des danseuses.

Pourquoi les femmes portaient-elles des cônes sur la tête ?

C'étaient des cônes de graisse aromatisée ! On les distribuait aux femmes à l'entrée des banquets.

La graisse fondait peu à peu et coulait sur les cheveux en les parfumant. Elle coulait aussi sur le visage et le corps, rendant la peau douce mais également un brin luisante…

Comment les invités dansaient-ils ?

Ils ne dansaient jamais ensemble. Chacun dansait de son côté, un peu comme on le fait aujourd'hui. Leur danse consistait en gracieuses acrobaties, sauts et pirouettes.

Les Égyptiens adoraient faire la fête, se nourrir en abondance et s'abreuver de bière et de vin, tandis que chanteuses, danseuses et jongleurs les distrayaient.

les cymbales, les tambours. D'autres furent rapportés d'Asie, comme le luth et la lyre. Ajoutons à cela le sistre, une sorte de crécelle inventée par les Égyptiens, dont se servaient les prêtres. On obtenait une belle cacophonie !

Comment mangeaient-ils ?

Autour d'une table basse. Les femmes étaient assises d'un côté, les hommes de l'autre, mais tous à la même table. Ils mangeaient avec leurs doigts ! Des serviteurs circulaient avec des coupes où ils pouvaient se laver les mains.

Comment jouaient-ils de la musique ?

Au départ, les Égyptiens ne connaissaient que la flûte et la harpe. Puis la musique devint plus élaborée, car de nouveaux instruments virent le jour : la trompette,

INCROYABLE !
Le menu affichait toujours les plats préférés des Égyptiens. Parfois, les convives mangeaient un peu trop... Des serviteurs passaient alors avec une bassine pour qu'ils se soulagent !

Les scribes

- Les scribes (du latin « scribere », écrire) étaient des écrivains publics : ils étaient chargés de rédiger les documents administratifs, de tenir les comptes de l'État, mais aussi de rédiger des lettres, des histoires, des poèmes…

- On devenait scribe de père en fils, après un apprentissage strict et difficile. C'était un métier envié et un privilège réservé aux plus riches… et aux garçons !

- Le matériel du scribe se composait d'une trousse en bois, la palette, dans laquelle il rangeait ses calames, des tiges de roseau taillées en pointe qui lui servaient de plumes, et ses 2 pastilles d'encre, noire et rouge.

Pourquoi les Égyptiens n'écrivaient-ils pas sur du papier ?

La recette du papier, qui est fabriqué à partir du bois, n'avait pas encore été inventée à l'époque et de toute façon l'Égypte n'avait pas de forêts ! On utilisait donc du papyrus, une espèce de roseau qui poussait sur les bords du Nil. D'ailleurs, le mot « papier » vient du mot « papyrus ».

Comment fabriquait-on les rouleaux de papyrus ?

On faisait une drôle de cuisine : on pelait le roseau pour le débarrasser de son écorce, puis on le coupait en fines lanières que l'on trempait dans l'eau et déposait en couches en les entrecroisant. On tapait ensuite sur ces lanières avec un marteau jusqu'à ce qu'elles ne forment plus qu'une grande et unique feuille. La sève du roseau et l'eau agissaient comme de la colle. Enfin, on aplanissait la feuille avec un outil en bois, le polissoir.

Pourquoi n'écrivait-on pas uniquement sur du papyrus ?

Le papyrus coûtait très cher. Pour faire des économies, on écrivait aussi sur des morceaux de poterie ou des planches en bois recouvertes de plâtre ! Les écoliers, par exemple, faisaient leurs exercices sur des tessons (des bouts de bols ou de vases cassés) qu'on appelait les « ostraca » (« ostracon » au singulier). Le précieux papyrus était réservé aux textes sacrés ou aux livres de lois.

pourquoi les scribes étaient-ils des fonctionnaires plus que des poètes ?

La plupart travaillaient pour le gouvernement : ils recensaient les récoltes des paysans pour déterminer les impôts que chacun devait payer, s'occupaient des comptes, rédigeaient les lois et les ordres des ministres. D'autres travaillaient dans les temples, où ils gravaient les formules magiques des amulettes, ou dans les tribunaux, tels des greffiers.

Lors de leur apprentissage, les élèves apprenaient à écrire comme des peintres. Ils plongeaient leur calame dans un godet d'eau puis en frottaient la pointe contre la pastille d'encre.

avec de l'ocre (la terre rouge orangé, mêlée à du fer, que l'on trouve dans les déserts).

Comment l'encre se présentait-elle ?

À l'époque, les cartouches d'encre n'existaient pas ! L'encre se présentait sous forme de poudre compacte, la fameuse pastille. L'encre noire était fabriquée à partir de suie ou de charbon écrasé, l'encre rouge

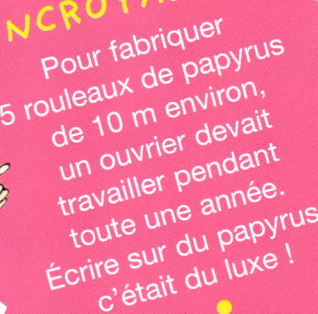

INCROYABLE ! Pour fabriquer 5 rouleaux de papyrus de 10 m environ, un ouvrier devait travailler pendant toute une année. Écrire sur du papyrus, c'était du luxe !

Comment apprenait-on à devenir scribe ?

À première vue, ce n'était pas sorcier : il suffisait de recopier des textes à longueur de journée. Mais, en réalité, c'était très dur, car il fallait apprendre des milliers de signes (notre alphabet moderne n'en compte que 26 !) et savoir les écrire dans tous les sens et sur tous les supports : papyrus, tessons de poterie, morceaux de calcaire… On entrait à l'école des scribes vers 10 ans pour en sortir vers 15 ans.

que les élèves se mettaient à bavarder ou s'ils traçaient mal un hiéroglyphe. Il valait mieux être bon élève !

Comment se terminaient les études des scribes ?

Après l'école, ils devaient effectuer un stage de 5 ans dans l'administration, chez un notaire ou dans un temple, pour achever leur apprentissage. Ils passaient ensuite un examen final. C'est vers 20 ans seulement qu'ils entraient sur le marché du travail.

Pourquoi les scribes écrivaient-ils en tenant leur calame tout droit ?

Ils devaient prendre garde de ne pas faire de traînées ni de pâtés, car l'encre mettait beaucoup de temps à sécher.

Comment les scribes s'installaient-ils pour écrire ?

Ils étaient assis par terre en tailleur. Ils posaient leur papyrus sur leur pagne, qu'ils tiraient bien fort pour le tendre jusqu'aux genoux et pouvoir écrire sur une surface plane.

Pourquoi les scribes avaient-ils la dent dure ?

Ils étaient très fiers de leur métier et se sentaient supérieurs au reste du monde. Ils se moquaient donc des autres métiers en racontant des histoires drôles à leur sujet.

Pourquoi les professeurs des scribes étaient-ils sans pitié ?

Les professeurs avaient un proverbe : « Les élèves ont leurs oreilles dans le dos et ils n'écoutent que quand on les tape. » Les coups de bâton pleuvaient dès

Au service de l'État, les scribes étaient chargés de rendre compte au pharaon des différentes productions de son royaume. Ici, assis en tailleur, deux scribes comptables recensent le bétail d'un paysan.

Ils n'avaient pas besoin de travailler dans les champs, comme les paysans. Les peintures anciennes les montrent souvent avec un ventre bien rebondi.

Pourquoi tous les savants étaient-ils avant tout des scribes ?

Pour être savant, il fallait déjà savoir lire et écrire. Mais tous les scribes n'étaient pas des savants. Seuls ceux qui se passionnaient pour un domaine (l'astronomie, la médecine, l'architecture...) continuaient leurs études et devenaient des scientifiques.

Pourquoi le métier de scribe était-il si jalousé ?

Parce que les scribes recevaient de bons salaires et, en plus, ils ne payaient pas d'impôts.

INCROYABLE ! Pour empêcher certains pensionnaires des écoles de scribes de faire le mur, des blocs de bois leur étaient fixés aux chevilles, comme à des prisonniers !

Les hiéroglyphes

- Les hiéroglyphes, inventés vers 3200 av. J.-C., sont de petits dessins qui représentent chacun un objet, une idée ou un son.

- À partir de 1780 av. J.-C. environ, une nouvelle écriture est mise au point par les scribes : l'écriture hiératique. À la fin de l'Empire, une autre écriture, le démotique, est adoptée. Elle sera utilisée jusqu'en 400 après J.-C.

- Les hiéroglyphes sont restés un mystère jusqu'à ce qu'un savant français, Jean-François Champollion (1790-1832), réussisse, en 1822, à les déchiffrer.

Pourquoi est-ce une pierre qui a tout changé ?

La pierre de Rosette fut découverte en 1799 près de Rosette, un port de la Méditerranée, par un soldat de Napoléon. Cette pierre en basalte noir était gravée d'un texte rédigé en 3 écritures différentes : des hiéroglyphes en haut, du démotique au milieu et, miracle, en bas, du grec ancien, une langue que les savants comprenaient.

Comment Champollion réussit-il à percer le mystère des hiéroglyphes ?

Il isola, dans le grec, le nom d'un roi : Ptolémée V. Il chercha alors l'équivalent du nom dans le texte en hiéroglyphes, ce qui lui permit d'identifier quelques signes. À partir de là, il reconstitua tout le texte comme un puzzle. Mais ce ne fut pas facile : avant lui, un savant anglais, qui maîtrisait 12 langues, avait essayé sans succès. La pierre de Rosette ne fut déchiffrée que 23 ans après sa découverte.

Pourquoi certains hiéroglyphes ne se prononcent-ils pas ?

Parce que ce sont des déterminatifs. Les scribes les ajoutaient à la fin d'un mot pour en préciser le sens s'il y avait une ambiguïté ou pour le classer dans une catégorie. Par exemple, si, à la suite du hiéroglyphe qui signifie « beau », on ajoute le hiéroglyphe de la femme, on obtient le mot « jeune femme » !

Très compliquée, l'écriture hiéroglyphique était surtout utilisée pour illustrer les fresques des temples.

Pourquoi les hiéroglyphes furent-ils abandonnés ?

Parce qu'ils étaient trop compliqués à écrire ! Ce sont les scribes qui inventèrent l'écriture hiératique pour faciliter leur travail. Elle était constituée de hiéroglyphes simplifiés, à base de points et de traits, qui ressemblaient à des lettres et pouvaient être tracés de façon plus fluide et, surtout, plus rapide.

Comment lire les hiéroglyphes ?

C'est difficile, car certains se lisent de droite à gauche, d'autres de gauche à droite, d'autres encore de haut en bas. Et tous n'ont pas la même fonction. Certains sont des idéogrammes : ils représentent une chose ou une idée. Par exemple, le dessin d'un bonhomme signifie l'« homme ». Mais d'autres sont des phonogrammes ou signes-sons. Ils s'utilisent comme des lettres. Ainsi, le dessin du hibou est le son « m », celui du faucon le son « a », celui du bol le son « k », celui du serpent le son « dj », etc.

INCROYABLE ! Au début, l'écriture égyptienne comptait 750 hiéroglyphes environ. À la fin, elle en avait plus de 6 000 ! Imaginez devoir apprendre par cœur 6 000 signes !

Les sciences

- Les Égyptiens mirent au point des systèmes de calcul et de mesure complexes qu'ils utilisaient en agriculture ou en architecture.

- En 2773 av. J.-C., ils inventèrent aussi le calendrier, qui leur permit de mesurer le temps.

- Mathématiques, géométrie, astronomie, écriture, médecine, principes de construction et d'architecture : les Égyptiens établirent la plupart des bases sur lesquelles repose aujourd'hui notre culture.

Comment les Égyptiens comptaient-ils ?

Ils inventèrent un système de calcul décimal, avec un seul signe différent pour marquer les unités (chiffres entre 1 et 9), les dizaines (de 10 à 90), les centaines (100 à 900), les milliers (1 000 à 9 000), les dizaines de milliers, etc. Par exemple, pour écrire le chiffre 9, il fallait répéter 9 fois le signe de l'unité.

Pourquoi ne valait-il mieux pas compter les moutons trop longtemps ?

Les Égyptiens ne disposaient que de 7 chiffres pour représenter l'ensemble des nombres ! Ainsi, le nombre

5 555 s'écrivait en répétant 5 fois le signe des milliers, 5 fois le signe des centaines, 5 fois celui des dizaines et 5 fois celui des unités. De quoi donner la migraine aux plus grands mathématiciens !

Pourquoi les divisions posaient-elles problème aux Égyptiens ?

Ils savaient additionner, soustraire, multiplier par 2,

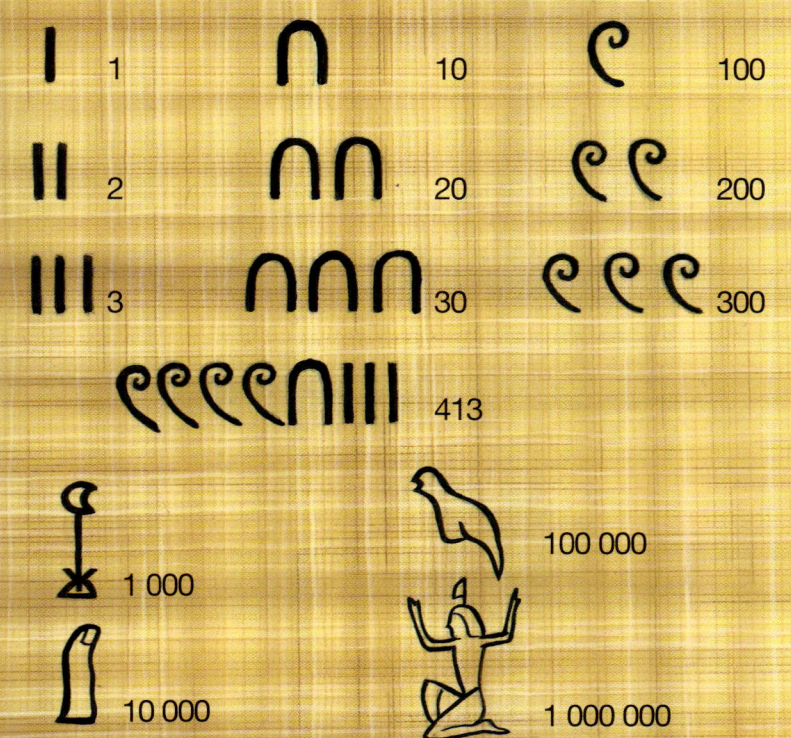

pyramide ou d'un cylindre. Les savants égyptiens avaient développé ces compétences par nécessité. En effet, l'État voulait connaître la surface des champs des paysans pour en estimer la récolte, et donc l'impôt qu'il allait percevoir dessus. Il fallait aussi calculer le volume d'un cylindre pour stocker le grain dans les silos, ou d'une pyramide pour construire la tombe des pharaons.

Dans les chiffres égyptiens, le zéro n'existe pas. Un signe est utilisé pour chaque unité. Pour écrire un nombre, il suffit d'aligner les signes. Ainsi, 413 est écrit avec 4 crochets (4 x 100), 1 anse (1 x 10) et 3 bâtons (4 x 1).

Pourquoi étaient-ils bien meilleurs en géométrie qu'en algèbre ?

Ils savaient calculer la surface d'un cercle, d'un carré, d'un triangle, d'un trapèze, ainsi que le volume d'une

mais pas diviser, car ils ne connaissaient ni la virgule ni le zéro. Tout devenait donc très compliqué quand le résultat de la division ne tombait pas juste. Ils étaient alors forcés de faire des séries de multiplications par 2 à l'envers. Ça n'en finissait plus !

INCROYABLE !

Le décalage entre les calendriers civil et solaire était tellement important que les paysans préféraient se fier au niveau des eaux du Nil pour se repérer !

Comment les scribes écrivaient-ils leurs opérations ?

Le papyrus coûtait très cher, ils ne le gaspillaient pas en calculs compliqués. Ils écrivaient sur des morceaux de calcaire, les ostraca. L'opération était inscrite en noire, et le résultat en rouge.

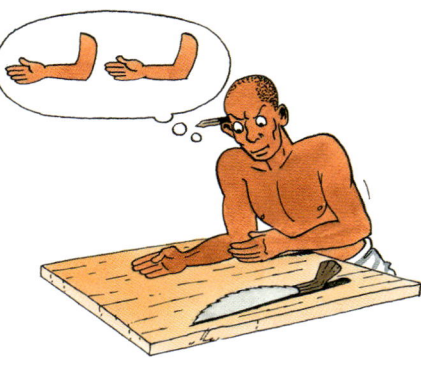

Comment calculaient-ils la surface d'un cercle ?

Ce sont eux qui ont découvert le symbole π, qui équivaut aujourd'hui à 3,141. Eux l'avaient évalué à 3,16.

Comment ont-ils inventé la règle ?

Ils ont pris comme unité de mesure la longueur d'un avant-bras. Cette unité s'appelle la coudée. Il existait 2 coudées : la royale (50 cm) et la petite (45 cm). La coudée se divisait en unités plus petites, les paumes et les doigts.

Comment avaient-ils découpé la journée en heures ?

Ils observèrent la course du Soleil et inventèrent 12 heures pour le jour et 12 heures pour la nuit. La durée du jour était différente en été et en hiver, ils avaient donc fixé une durée horaire plus longue en été pour le jour, et plus courte en hiver.

Comment lisaient-ils l'heure ?

Ils utilisaient des horloges à eau, les clepsydres. Elles étaient composées de 2 récipients. Celui du haut était percé d'un trou au fond, et sa paroi était gravée de cercles concentriques, comme les graduations d'un verre doseur. Chaque cercle correspondait à 1 heure. Au fur et à mesure que l'eau s'écoulait par le trou, elle descendait dans le récipient et son niveau indiquait l'heure.

Comment faisait-on quand la clepsydre était vide ?

On la remplissait à nouveau en y reversant l'eau qui s'était écoulée dans le second récipient. Cela demandait un peu de maintenance. Les clepsydres devaient surtout servir aux nobles.

Pour mesurer le temps, les Égyptiens inventèrent aussi le cadran solaire (voir ci-contre). Il est constitué d'un morceau de bois fixé à angle droit sur une petite planche graduée. L'ombre s'allonge jusqu'à midi, puis elle racourcit. L'endroit où se trouve l'ombre sur la règle indique l'heure.

Pourquoi leur calendrier avait-il quand même un petit défaut ?

Ils n'avaient pas prévu d'année bissextile (c'est-à-dire d'année de 366 jours au lieu de 365) tous les 4 ans. Or, la durée exacte d'une année suivant le mouvement du Soleil est de 365, 2422 jours ! Chaque année, leur calendrier prenait donc un peu de retard par rapport à l'année solaire. Le calendrier julien des Romains corrigea ce défaut.

Leur entretien était confié à un serviteur… qui avait intérêt à être à l'heure !

Comment ont-ils inventé le calendrier ?

Ils observèrent les étoiles et divisèrent l'année en 365 jours, regroupés en 3 saisons de 4 mois de 30 jours chacun. Ils ajoutèrent 5 jours de fête à la fin de l'année pour tomber juste. Ce calendrier fut repris par les Grecs, les Romains (qui l'adaptèrent en calendrier julien), les savants du Moyen Âge (le calendrier grégorien) et enfin… par nous !

INCROYABLE !

Chaque mois égyptien était divisé en 3 semaines de 10 jours. Ça faisait un week-end de moins pour se reposer chaque mois !

Médecine et magie

- Les médecins étaient réputés dans toute la Méditerranée. Formés dans les écoles de médecine des temples, ils savaient étudier les symptômes d'une maladie, établir un diagnostic et connaissaient au moins 750 traitements.

- Ces médecins utilisaient beaucoup les plantes, dont ils maîtrisaient les vertus secrètes. Mais ils étaient aussi d'habiles chirurgiens. Quand un médecin ne voyait aucun remède à une maladie, il recourait à la magie en employant des amulettes ou des potions magiques.

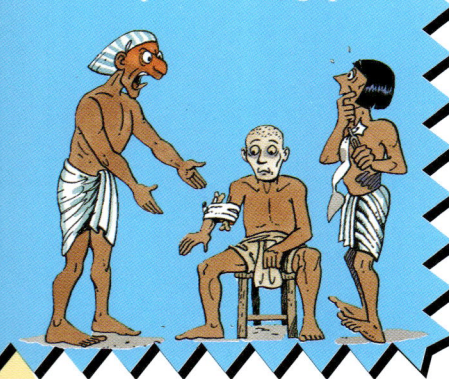

Comment soignait-on les maux de tête ?

Comme la plupart des maladies, avec les plantes. On écrasait des baies de genièvre, des feuilles de coriandre et d'armoise en les mélangeant à du miel. Puis on étalait cette pâte directement sur le crâne. Une fois la migraine partie, un bon shampooing s'imposait !

Comment les médecins auscultaient-ils leurs patients ?

Ils prenaient le pouls au poignet ou sur le cou, comme aujourd'hui. Ils avaient compris que le cœur était le siège de la vie, qu'il battait pour envoyer du sang dans tout le corps. Mais ils croyaient aussi qu'il était traversé par la nourriture, par l'eau qu'on buvait, par l'air qu'on respirait et par toutes nos pensées. C'était un cœur-estomac-poumon-cerveau supermusclé !

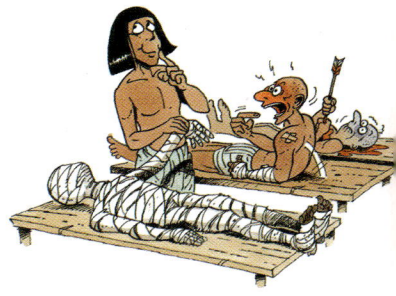

Comment pansait-on les blessures ?

On plaçait sur la plaie un steak de viande crue jusqu'au lendemain. Cela empêchait le sang de couler. Puis, pour que la plaie ne s'infecte pas, on la tartinait de beurre mélangé à du miel ou de pain moisi ! Pour les blessures graves, on recousait la plaie, puis on la recouvrait de feuilles de saule, une plante qui contient de l'acide acétylsalicylique, avec laquelle on fabrique aujourd'hui… l'aspirine !

Les médecins actuels se sont beaucoup inspirés des connaissances des plantes qu'avaient les médecins égyptiens.

Comment soignait-on la conjonctivite ?

Avec des gouttes, comme aujourd'hui, sauf que c'étaient des gouttes de jus de céleri ! On les appliquait en faisant couler le jus à travers de petits tubes faits avec des plumes de rapace.

Comment se débarrassait-on des poux ?

Avec de l'huile de ricin et du saindoux posés en casque sur les cheveux. C'était plus gras que nos lotions anti-poux, mais peut-être plus efficace…

Comment guérissait-on les fractures ?

Les Égyptiens ont inventé le plâtre ! Ils fabriquaient un moule, à base de farine et de crème, qu'ils mettaient à cuire. Les médecins savaient guérir les fractures des jambes et des bras, mais aussi celles de la clavicule, des côtes et même du crâne !

INCROYABLE !
Pour soigner la quinte de toux du jeune enfant, sa maman mangeait une souris crue ! Les os étaient placés dans une boite nouée avec 7 nœuds autour du cou de l'enfant.

Les soldats

- Au début, l'Égypte ne possédait pas d'armée régulière, car le pays avait peu d'ennemis. Mais, à partir du Nouvel Empire, l'Égypte, devenue plus belliqueuse, se dote d'une armée de métier. Elle était constituée de 2 corps : l'infanterie, composée de soldats à pied, ou fantassins, et la charrerie, c'est-à-dire les combattants montés sur des chars. Ces derniers formaient l'élite de l'armée.
- Le pharaon était le chef suprême des soldats. Il participait aux batailles et se faisait conseiller par un état-major.

Comment les soldats se battaient-ils ?

Au début, ils n'avaient que des massues ou des flèches à la pointe taillée dans le silex. Mais, en 1300 av. J.-C., les Égyptiens découvrent le bronze et se mettent à fabriquer en série des haches, des poignards, de petits glaives courbes, des lances et des flèches à lame ou pointe métallique.

Pourquoi conduire un char n'était-il pas donné à tout le monde ?

Les chars étaient réservés aux nobles qui savaient manier les chevaux et maîtrisaient le tir à l'arc. Même si, sur les fresques, on voit souvent le pharaon dressé tout seul sur son char, les attelages comptaient toujours 2 chevaux et 2 hommes. L'un tenait les rênes, l'autre tirait les flèches.

Comment les soldats étaient-ils formés ?

Dès l'enfance, on les envoyait dans une caserne à la discipline de fer. Les apprentis soldats recevaient de nombreux coups avant d'apprendre à les éviter ou à les rendre.

Retrouvés dans la tombe de Mésehty, un prince de la région d'Assiout, ces soldats nubiens étaient des soldats étrangers enrôlés pour renforcer l'armée égyptienne.

Comment les Égyptiens veillaient-ils sur leurs frontières ?

Ils avaient des policiers spéciaux, les nouou. Ces hommes étaient accompagnés de chiens dressés, les ancêtres des bergers allemands !

Comment les soldats s'occupaient-ils pendant les périodes de paix ?

Les héros recevaient des terres en récompense et vivaient de leurs cultures. Les autres accompagnaient les expéditions marchandes, surveillaient les travaux des pyramides ou montaient la garde devant le palais du pharaon.

Pourquoi les soldats égyptiens n'étaient-ils pas souvent... égyptiens ?

L'armée était pleine de mercenaires étrangers, les féroces Shardanes, que l'on reconnaissait à leur casque à cornes. Ils étaient l'équivalent de nos légionnaires.

INCROYABLE !

Les soldats les plus courageux recevaient des mouches sculptées dans l'or. Ils les attachaient à une chaînette autour de leur cou. Les héros en avaient tout un collier. La grande classe !

Conquêtes et batailles

- Au début de son histoire, l'Égypte guerroyait peu. Ses conquêtes ne s'étendaient que sur la Nubie voisine (au sud) et en Libye (à l'ouest).

- En 1663 av. J.-C., les Hyksôs, un peuple de nomades valeureux venus du Proche-Orient (actuelle Palestine), conquièrent l'Égypte.

- Le pays se réveille alors et, durant le Nouvel Empire (à partir de 1550 av. J.-C.), les Égyptiens se transforment en guerriers ambitieux. Multipliant les batailles et les victoires, ils sont à la tête d'un immense empire.

Pourquoi l'Égypte chercha-t-elle très tôt à conquérir ses voisins ?

Pour leur or et leurs pierres précieuses. Les déserts de Nubie et de Libye étaient très riches en mines et en carrières. L'Égypte les transforma en colonies. Ces pays gardèrent chacun leur souverain, mais chaque année ils devaient payer un impôt en nature aux Égyptiens. En fait, toute la richesse de l'Égypte antique reposa sur les trésors de ses voisins !

Comment les Hyksôs prirent-ils les Égyptiens de court ?

Les Hyksôs connaissaient l'industrie du bronze et le cheval. Ils étaient équipés de chars légers, de glaives recourbés et tranchants, et d'arcs puissants. Face à eux, les Égyptiens, encombrés par leurs gros boucliers, étaient tous à pied, armés de petites haches en cuivre et de flèches à faible portée. Les Hyksôs n'en firent qu'une bouchée.

Comment les Égyptiens chassèrent-ils les Hyksôs de leur pays ?

N'ayant pas encore d'armée de métier, Ahmôsis, puissant prince de Thèbes, fit alors appel à toute la population. Il fit aussi démonter les portes en bois des temples pour fabriquer des chars. En 1567 av. J.-C., un siècle après leur invasion, il parvint enfin à chasser les Hyksôs du pays. Montant ensuite sur le trône, il fonda le Nouvel Empire et créa une armée de métier.

Les frontières étaient protégées par des forteresses semblables à celle-ci dont il ne reste que quelques vestiges.

Pourquoi l'Égypte avait-t-elle les dents longues au Nouvel Empire ?

En combattant les Hyksôs, l'Égypte prit goût à la guerre et les poursuivit dans leur propre pays. Les pharaons du Nouvel Empire devinrent de grands conquérants. En 1478 av. J.-C., Thoutmôsis III obtint une grande victoire à Megiddo. L'Égypte s'empara de toutes les terres de Syrie et de Palestine.

Comment les Égyptiens s'assuraient-ils de la fidélité de leurs colonies ?

Après la victoire, ils prenaient les enfants des rois étrangers en otages et les emmenaient en Égypte. Le pharaon les élevait au palais avec ses propres enfants et leur donnait

une excellente éducation. Une fois adultes, les otages étaient libérés et pouvaient retourner dans leur pays. Mais, entre-temps, ils étaient devenus de véritables Égyptiens…

INCROYABLE !
Après chaque bataille, les soldats égyptiens coupaient une main ou le sexe de leurs ennemis morts et les mettaient en tas pour les compter. C'est assez barbare !

Comment les batailles se déroulaient-elles ?

Elles étaient régies par d'étonnantes règles de fair-play. Le lieu et l'heure de la bataille étaient décidés à l'avance entre souverains. Les armées devaient être disposées face à face, en terrain ouvert. Avant de commencer, on attendait que tout le monde soit prêt et on faisait sonner le clairon.

Pourquoi l'Égypte ne s'entendait-elle pas avec les Hittites ?

Les Hittites étaient les maîtres de l'empire du Hatti, qui s'étendait sur les actuelles Turquie, Syrie et Palestine. Les Égyptiens les provoquaient régulièrement. En 1274 av. J.-C., Ramsès II décida d'établir un camp à Qadesh, une ville située en pleine Syrie. C'est la goutte d'eau qui fit déborder le vase. Les Hittites prirent les armes.

Pourquoi la bataille de Qadesh fut-elle une exception ?

Les soldats hittites attaquèrent l'armée égyptienne, dirigée par Ramsès II, par surprise. Une division de 5 000 Égyptiens fut massacrée dès le début du combat.

Pourquoi la bataille de Qadesh n'a-t-elle pas été la victoire que l'on croit ?

Ramsès II fit graver sur les murs de tous les temples d'Égypte qu'il avait été victorieux à Qadesh. C'est faux. Il évita de justesse le désastre ! Il n'y eut ni vainqueur ni vaincu. Les Égyptiens et les Hittites

comprirent qu'ils étaient aussi forts les uns que les autres.

Comment l'Égypte signa-t-elle le premier traité de paix de l'Histoire ?

Après Qadesh, Ramsès II et le roi des Hittites entamèrent des négociations et signèrent un traité de paix ! Grâce à Ramsès II et à sa diplomatie, l'Égypte put ensuite jouir de longues années de paix et de prospérité. Ce fut l'âge d'or de l'Égypte, qui se couvrit de temples et de palais.

Pourquoi les peuples de la mer firent-ils une belle frayeur à l'Égypte ?

Vers 1200 av. J.-C., des pirates de la mer Égée se mirent à terroriser toute la Méditerranée. Ils saccagèrent Chypre, la Crète, la Palestine, la Turquie et renversèrent

Cette fresque représente un soldat hittite tué par Ramsès II lors de la bataille de Qadesh.

Comment les Égyptiens traitaient-ils leurs prisonniers de guerre ?

Ils étaient enrôlés dans l'armée égyptienne ou réduits en esclavage. Ils étaient envoyés dans les mines d'or, labouraient les champs ou travaillaient comme serviteurs à la cour. Les plus malins se faisaient apprécier et pouvaient être affranchis. L'un d'eux est même devenu conseiller d'un pharaon !

les Hittites. En 1198 av. J.-C., ces pirates sanguinaires débarquèrent sur les côtes égyptiennes. du delta du Nil et plaça leurs navires à contrevent. Les pirates, qui n'avaient pas de rameurs, se trouvèrent pris au piège ! Les Égyptiens les poussèrent contre les rives et des archers les criblèrent de flèches puis bondirent sur leurs navires pour les achever au poignard.

Comment les Égyptiens les tuèrent-ils tous jusqu'au dernier ?

Ramsès III créa une flotte de guerre, avec des galères dotées de bons rameurs. Il attira les pirates à l'intérieur

INCROYABLE !
À l'époque, les prisonniers n'étaient pas ligotés par les poignets mais par les coudes. Ils se retrouvaient tout saucissonnés. Pas très confortable !

Les artisans

- Beaucoup d'objets ont été retrouvés intacts dans les tombes, conservés par l'air sec du désert, ce qui nous a permis de connaître le talent des artisans.

- Les artisans formaient la classe moyenne de la population. Ils venaient après les scribes et les fonctionnaires. Ils savaient tout travailler : la pierre, le bois, le fer, les métaux précieux, le cuir, les tissus. Ils savaient fondre l'or et fabriquer le verre.

Pourquoi les artisans n'étaient-ils pas des solitaires ?

Comme les peintres, ils ne travaillaient jamais seuls. Ils étaient regroupés au sein d'ateliers financés par l'État, un temple ou de riches familles. Dans chaque atelier, toutes les spécialités étaient représentées : il y avait un menuisier, un ferronnier, un tailleur de pierre, un orfèvre, etc. Des peintres étaient également présents.

Comment les menuisiers travaillaient-ils ?

Pour couper le bois en planches, ils utilisaient des ciseaux, des couteaux et des herminettes (une sorte de hache à fer recourbé, perpendiculaire au manche). Pour faire des trous, ils perçaient d'abord le bois avec un poinçon, puis le creusaient avec un foret. Ils fabriquaient ainsi des chaises, des lits, des coffres, des cercueils.

Comment faisait-on la différence entre des meubles de bonne ou de mauvaise qualité ?

Par le bois utilisé. Les plus beaux étaient sculptés dans du cèdre importé du Liban. Certains étaient incrustés de pièces d'ivoire ou

Les menuisiers étaient aussi qualifiés pour fabriquer des charpentes de maison que des chars de combat ou des navires. Ils soumettaient leur croquis au chef d'équipe avant de se mettre au travail.

Comment les artisans réussissaient-ils à sculpter des poissons en verre ?

Sans connaître la technique du verre soufflé, ils sculptaient le verre dans des formes très originales. Ils embrochaient sur une tige de métal un mélange d'argile, moulé selon la forme désirée (un poisson, par exemple), et ils plongeaient cette tige dans du verre en fusion. Le liquide recouvrait le poisson et durcissait en séchant. Il ne restait plus qu'à le polir.

d'ébène. Pour les meubles courants, du sycomore ou du palmier était utilisé, des bois si friables qu'il fallait parfois les recouvrir de plâtre pour qu'ils aient l'air de tenir debout !

Pourquoi le verre n'était-il pas transparent ?

Le secret du verre fut connu des Égyptiens à partir de 1500 av. J.-C. Il était fabriqué avec du sable mêlé à des cristaux de sel et toujours teinté avec des métaux. Rouge, bleu, jaune… Les Égyptiens adoraient les couleurs.

INCROYABLE !
Pour dorer les sarcophages ou les meubles à la feuille d'or, les artisans aplatissaient la feuille sur le bois avec un os ! C'était l'outil qui donnait le meilleur résultat.

On laissait ensuite les céramiques sécher, puis on les mettait à cuire. Une autre technique consistait à mélanger du sable avec de la chaux, des cendres, du sel et de l'eau, et à verser cette pâte dans des moules qu'on glissait au four.

Pourquoi les potiers étaient-ils à part ?

Leur art était plus commun. Les scribes se moquaient d'eux, disant qu'ils étaient sales et toujours couverts de boue. Ils ne faisaient pas partie des ateliers royaux mais travaillaient seuls, à leur compte. Ils fabriquaient des objets pour la vie quotidienne : des vases, de la vaisselle, des jarres.

Comment les poteries étaient-elles fabriquées ?

Avec de l'argile du Nil façonnée à la main, ou plus tard avec un tour de potier.

Comment faisait-on fondre les métaux ?

En faisant un grand feu qu'on attisait en soufflant dans des tiges de roseau creuses. On faisait ainsi fondre l'or, mais aussi le fer et le cuivre, pour obtenir du bronze et confectionner des lames d'outils, des miroirs, des rasoirs, des pinces à épiler et une multitude de petits objets usuels. Les ateliers étaient à la fois des centres d'art et des usines.

Comment les orfèvres travaillaient-ils l'or ?

Comme du chocolat ! Ils le faisaient fondre puis le versaient dans de petits moules pour qu'il prenne la forme voulue. Ils le travaillaient ensuite avec un ciseau en cuivre très dur.

Comment fabriquaient-ils des perles ?

Les huîtres n'étaient pas connues des Égyptiens. Les artisans fabriquaient donc les perles eux-mêmes en polissant des pierres en toutes petites billes. Ils perçaient les perles avec des forets pour pouvoir les enfiler sur des colliers.

Pourquoi dit-on que les artisans créaient des bijoux cloisonnés ?

Les cloisonnés d'or étaient des bijoux en or dans lesquels les artisans incrustaient des morceaux de verre coloré qui séparaient la surface en petites cloisons. C'était un travail d'orfèvrerie extrêmement délicat. Les Égyptiens étaient passés maîtres dans ce domaine. Leurs œuvres n'ont jamais été égalées.

Pourquoi la faïence était-elle si courante dans l'artisanat égyptien ?

La faïence est une sorte de verre de couleur bleu-vert. Elle avait l'avantage de ressembler à l'émeraude ou à la turquoise tout en coûtant bien moins cher. Les bijoux en faïence étaient l'équivalent de nos bijoux en toc !

Comment se fournissaient-ils en pierres précieuses ?

L'or, la cornaline rouge, l'améthyste violette, la turquoise et l'agate bleues étaient extraites de mines dans le désert, où travaillaient les criminels. Beaucoup

À l'aide de soufflets à pied, les fondeurs attisaient un feu vif qui permettaient de liquéfier le métal.

s'y épuisaient et finissaient par mourir. Le lapis-lazuli, la pierre préférée des Égyptiens, était quant à elle importée d'Afghanistan.

INCROYABLE !
Pour couper les roches tendres, les artisans utilisaient un silex qu'ils enduisaient de sable mélangé à de l'eau et à de l'huile d'olive pour le rendre moins tranchant !

Commerce et marchandises

- Plus que par la guerre, c'est par son influence économique que l'Égypte antique fut une grande civilisation.

- Dès 3800 av. J.-C., l'Égypte commerce avec ses voisins. Le pays échangeait blé, orge, poisson séché, papier fabriqué à partir de papyrus, bijoux précieux et autres objets de luxe confectionnés par ses artisans contre du cuivre, de l'or, du bois, de l'ivoire, des pierres précieuses, des épices et de l'encens. Au sein du pays, le commerce était aussi très actif.

Comment se procurait-on les produits précieux ?

Le pharaon envoyait des marchands en expédition au sud de la mer Rouge, vers les pays de Pount et de Koush (actuels Somalie et Yémen). Des caravanes et des navires traversaient les déserts et la mer afin de rapporter des produits introuvables en Égypte, comme l'ébène, l'ivoire, la myrrhe (un encens), ou des animaux exotiques, tel le babouin.

Comment l'Égypte se servait-elle parfois sans payer ?

Les pays conquis étaient souvent obligés de lui payer des tributs, des cadeaux que des ambassadeurs apportaient au pharaon. On lui offrait de l'or, des plumes d'autruche, des peaux de léopard, des vases en ivoire.

Comment les échanges s'effectuaient-ils ?

L'argent n'existait pas, on opérait donc par troc. Pour que l'échange soit juste, on se repérait grâce à une unité de compte, le dében, qui correspondait à un poids en cuivre de 91 g. On examinait attentivement les produits avant de se les échanger pour estimer leur vraie valeur. Le marchandage était déjà une coutume !

Pourquoi, en Égypte, était-ce tous les jours jour de marché ?

Parce que les magasins n'existaient pas. Et aussi, à défaut de réfrigérateurs, il fallait se réapprovisionner souvent en produits frais. Mais les marchés ne ressemblaient pas à ceux d'aujourd'hui. On échangeait tout ce qu'on avait sous la main : un canard contre un sac de blé, deux bottes d'oignons, une paire de sandales, ou parfois même contre sa chemise !

Des marchandises circulent dès l'Ancien Empire. Qu'elles rentrent ou sortent du pays, elles sont généralement transportées par bateaux.

Il y avait également des marchands de métier, spécialisés dans un domaine : les étoffes, les meubles...

Pourquoi les marchands n'étaient-ils pas les seuls à commercer ?

Tout le monde venait au marché pour échanger ce qu'il avait : les paysans, les pêcheurs, mais aussi les scribes, les médecins, les artisans, qui étaient payés en grains de blé ou d'orge.

INCROYABLE !

Des navires en pièces détachées étaient parfois emmenés à dos d'âne lors des expéditions pour être montés sur les rives de la mer Rouge, juste avant la traversée, et vice versa au retour.

Les bateaux

- Les Égyptiens ne traversèrent jamais les mers ni les océans, préférant caboter près des côtes. Ils étaient à l'aise sur les fleuves. Dès le début de la civilisation égyptienne, le Nil fut fréquenté par de nombreux bateaux.

- Du plus simple, en papyrus, au plus solide, en bois de cèdre ou d'acacia, ils avançaient grâce à des avirons. La voile, tissée dans le lin, ne fut inventée qu'en 3500 av. J.-C.

- Les bateaux servaient à transporter les hommes, les marchandises, les récoltes et les pierres des pyramides.

Comment les Égyptiens naviguaient-ils sur des bateaux en papier ?

Les bateaux les plus courants étaient faits de bottes de tiges de papyrus serrées à chaque bout par des cordes en fibres de roseaux. Le papyrus est un matériau qui a l'air fragile, mais il flotte très bien. Il peut transporter de lourdes charges. Sous leur poids, les barques s'enfonçaient presque entièrement dans l'eau, mais elles continuaient à flotter !

Pourquoi ne hissaient-ils pas toujours la voile ?

Pour descendre le fleuve du sud vers le nord, ce n'était pas nécessaire : il suffisait de se laisser porter par le courant, qui était très puissant. On baissait donc la voile. Par contre, pour remonter, en plus de la voile, il fallait souvent utiliser des rames et y mettre de l'huile de coude !

Pourquoi les Égyptiens utilisaient-ils le même hiéroglyphe pour dire « bateau » et « nord » ?

Le hiéroglyphe du bateau montre une barque en papyrus sans mât ni voile. Comme les bateaux aux voiles baissées naviguaient forcément dans le sens du courant, vers le nord, ce hiéroglyphe ne tarda pas à désigner aussi la notion de « nord ».

Comment les notables égyptiens jouaient-ils à « La croisière s'amuse » ?

Pour leurs longs trajets, ils voyageaient toujours avec 2 bateaux : l'un abritait les chambres, l'autre un restaurant.

Cette barque de plaisance date du Moyen Empire. Elle appartenait à des Égyptiens aisés.

rejoignaient Osiris dans l'au-delà. C'est pourquoi des bateaux étaient souvent peints sur les murs des tombes. Les pharaons se faisaient même enterrer avec des maquettes de bateaux ou des navires grandeur nature. On a ainsi retrouvé une barque de 43,50 m de long au pied de la pyramide de Khéops !

nourriture ou toutes sortes de marchandises. C'étaient les seuls magasins qui existaient alors.

Pourquoi a-t-on retrouvé des bateaux enterrés près des pyramides ?

Selon la légende, c'est à bord d'une barque que les morts

Comment les marins étaient-ils payés ?

En grain. Le long des quais dans les ports, il y avait de petites échoppes où les marins pouvaient échanger leur grain contre de la

INCROYABLE !
La barque retrouvée devant Khéops se présentait comme un véritable paquet de Lego : 1 224 pièces de bois mélangées. Les archéologues mirent 10 ans à reconstituer le puzzle !

Le Nil

- Hérodote, historien grec du Ve siècle av. J.-C., a dit : « L'Égypte est le don du Nil. » Sans le Nil, en effet, l'Égypte serait un immense désert. Le Nil et sa crue annuelle ont fait la prospérité du pays pendant l'Antiquité.

- La crue démarrait en juillet et culminait début septembre, pour se retirer en novembre. Elle rythmait la vie des paysans. Si la crue était trop faible, la sécheresse frappait le pays. Si elle était trop forte, elle semait la destruction.

Pourquoi le Nil déborde-t-il ?

À cause des pluies torrentielles qui tombent à la fin du printemps sur les terres situées en amont du fleuve, au sud de l'Éthiopie. Gonflé peu à peu par la mousson, le fleuve déborde quand il arrive en Égypte.

Comment mesurait-on les crues du Nil ?

Avec un nilomètre, un puits dont le fond communiquait avec le fleuve. Au fur et à mesure de la crue, l'eau montait dans le puits. Sur un côté descendait un escalier. On l'empruntait pour aller au fond et lire, grâce à des repères gravés sur la paroi, quelle était la hauteur de la crue. Le fleuve montait en moyenne de 7 m chaque année.

Comment amenait-on l'eau du Nil jusqu'aux canaux ?

Les canaux n'étaient pas ouverts sur le fleuve, mais clos par des barrières de boue, sinon, ils se seraient vidés lors de la décrue. L'eau y était transvasée grâce à un appareil à bascule, le chadouf, inventé il y a 3 500 ans. Le chadouf est constitué d'une perche qui pivote sur une poutre. D'un côté il y a un seau, de l'autre un contrepoids. On remplissait le seau dans le fleuve, puis on faisait basculer la perche pour le vider dans le canal.

Comment les paysans retenaient-ils les eaux de la crue ?

Ils creusaient des canaux autour du fleuve pendant la saison sèche. Lors de la crue, les canaux se

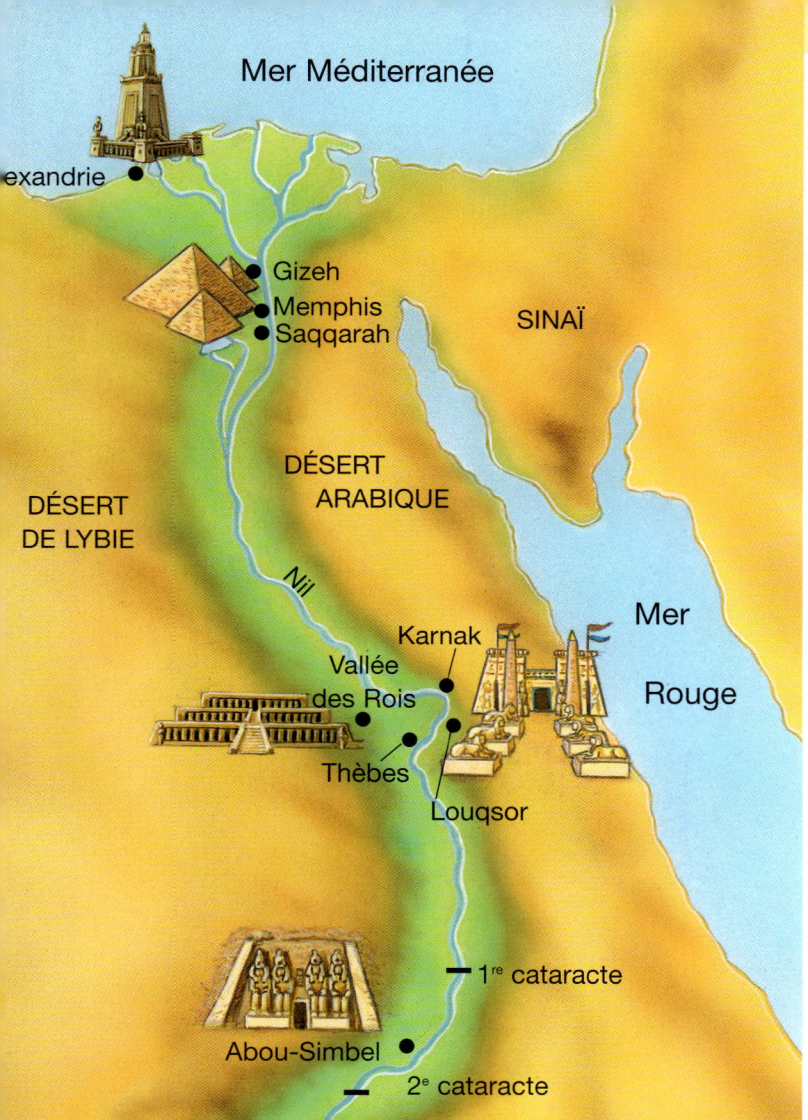

Long de 6700 km, le Nil s'écoule du sud au nord et vient se jeter dans la mer Méditerranée en formant un grand delta.

Pourquoi le Nil charrie-t-il du limon ?

Dans la jungle tropicale, l'eau du fleuve, accélérée par la crue, arrache la terre fertile des berges. Le Nil transporte ce limon jusqu'en Égypte, où, le terrain devenant plus plat, il ralentit et dépose sa cargaison de terre sur le sol inondé. Le limon est noir. C'est pourquoi les Égyptiens appelaient leur pays Kêmi, la Noire.

remplissaient d'eau. Après la crue, les paysans pouvaient continuer à arroser leurs champs en puisant l'eau dans le canal avec des seaux. Ils raclaient régulièrement le fond des canaux pour en retirer la boue qui s'accumulait et l'utilisaient pour renforcer les berges.

INCROYABLE !

Sous l'Antiquité, le Nil était peuplé de crocodiles féroces. À tel point que la lessive, qui s'effectuait au bord du fleuve, était une tâche réservée aux hommes, car on la jugeait trop dangereuse.

L'agriculture

- Grâce à la crue du Nil, l'Égypte possédait près de 1 000 km de terres fertiles de part et d'autre du fleuve.

- Les paysans faisaient pousser de l'épeautre (l'ancêtre du blé) pour faire du pain, de l'orge pour la bière et du lin pour les vêtements. Mais ils cultivaient aussi le papyrus et de nombreux fruits et légumes.

- Les semailles avaient lieu en novembre, après le retrait de la crue, et la moisson en mars-avril.

- Les paysans élevaient aussi des bœufs, des chèvres et des moutons, des cochons et de la volaille.

Comment les paysans labouraient-ils leurs champs ?

Pendant la crue, tout était inondé. Dès que les eaux baissaient, les paysans retournaient dans leurs champs, fouillant dans la boue pour retrouver les bornes qui délimitaient leurs parcelles de terre. Ils labouraient alors le champ avec des houes, des outils en bois en forme d'équerre, ou avec une araire, tirée par un attelage de bœufs.

Comment les grains étaient-ils semés ?

Les paysans ne se compliquaient pas la vie. Ils lançaient les grains à la volée, puis ils laissaient leur bétail se ruer sur le champ et tout piétiner. Les sabots des animaux enfonçaient les grains dans la terre, évitant que les oiseaux ne les mangent.

Comment faisait-on la moisson ?

Les tiges des plantes étaient coupées juste sous l'épi avec des faucilles dotées d'une lame en silex ou en bronze bien tranchante. Puis les épis étaient transportés jusqu'à l'aire de dépiquage. Là encore, on appelait les bêtes à la rescousse. Avec leurs sabots, ils dépiquaient la moisson : ils séparaient les grains des épis.

Mais elles n'étaient pas oisives pour autant : il fallait moudre la farine, brasser la bière, filer le lin, presser l'huile. Elles pouvaient aussi vanner les grains, nourrir les bêtes, cueillir les fruits et les légumes.

Des paysans procèdent aux semailles. Ils sont suivis par le bétail qui piétinent le champs enfonçant ainsi les grains.

Pourquoi finissait-on la moisson en jetant tous les grains en l'air ?

En étant projetés dans les airs, les grains se détachaient de leur balle, l'enveloppe de paille qui les entoure. C'est ce que l'on appelle le vannage. La paille et toutes les impuretés mêlées à la récolte étaient emportées par le vent et seuls les grains, plus lourds, retombaient. Il ne restait plus qu'à les mettre en sac.

Comment les paysannes participaient-elles aux travaux de la ferme ?

Par superstition, elles ne touchaient pas à la lame des outils.

INCROYABLE !

À l'époque, les coqs et les poules n'existaient pas. À la place, on élevait des oies, des canards et même des pélicans !

97

Les paysans

- Les paysans formaient la majorité de la population. Ils jouaient un rôle essentiel dans la richesse du pays. Sans eux et leurs efforts permanents, la civilisation égyptienne n'aurait jamais pu exister.

- Malgré leur utilité, les paysans étaient les plus pauvres et les moins respectés de la société. La plupart étaient des serfs au service de grands propriétaires, ministres du roi, ou de temples.

- Ils ne possédaient pas leurs terres et pouvaient être vendus en même temps que la propriété dont ils dépendaient.

Comment étaient les champs des paysans ?

Tout petits ! Ils ressemblaient à des potagers. Il est étonnant de voir comment de si petits champs ont pu produire une si grande quantité de nourriture pour l'ensemble du pays.

Comment les champs étaient-ils délimités ?

Avec des bornes, de grosses pierres posées au sol. Chaque année, des arpenteurs envoyés par l'État vérifiaient après la crue que les eaux du fleuve n'avaient pas déplacé les bornes. Les paysans devaient leur jurer qu'ils n'avaient pas bougé les pierres secrètement pour agrandir leur champ. En cas de mensonge, ils se faisaient couper les 2 oreilles !

Pourquoi les scribes rendaient-ils souvent visite aux paysans ?

Ils venaient 3 fois par an : une première pour mesurer les champs, une deuxième quand les céréales avaient poussé, pour évaluer la récolte et calculer l'impôt futur, et une dernière, au moment de la moisson, pour encaisser l'impôt. Mais, cette fois-là, ils venaient accompagnés de soldats armés de gourdins !

Pourquoi, parfois, les paysans ne pouvaient-ils pas payer leur impôt ?

Le montant de l'impôt était estimé vers le mois de janvier, 2 ou 3 mois avant la moisson. Si un malheur arrivait et que

Au moment de la moisson, un scribe accompagné de 2 soldats venaient prélever l'impôt sur la récolte.

pourquoi le statut du paysan n'était-il pas enviable ?

Toujours au travail, dans les champs ou sur les chantiers des pyramides, le paysan payait beaucoup d'impôts. S'il refusait de payer, il était battu, sa maison et ses outils confisqués, et il était parfois jeté en prison ! Il était moins bien traité que certains esclaves, qui avaient le droit de posséder des biens.

la récolte était perdue, il fallait quand même payer l'impôt… sans avoir rien à donner.

pourquoi les paysans détestaient-ils les hippopotames ?

Les hippopotames étaient un vrai fléau, à l'image des sauterelles.

En une nuit, un hippopotame affamé pouvait dévorer 60 kg de plantes. Il suffisait qu'un petit troupeau passe dans un champ et il n'en restait plus rien au matin. Les paysans les chassaient sans pitié.

INCROYABLE !

D'après certains récits, les paysans qui ne pouvaient payer l'impôt étaient battus, ligotés et jetés au fond d'un puits devant femme et enfants. Ces derniers étaient ensuite emprisonnés.

Chasse et pêche

- L'Égypte était peuplée de nombreuses bêtes sauvages. La chasse aux antilopes, aux autruches, mais aussi aux lions ou aux hyènes, était un loisir surtout pratiqué par le pharaon et la cour. La chasse au gibier d'eau, oies et canards, était, quant à elle, à la portée de tous. L'hippopotame et le crocodile étaient poursuivis comme des animaux nuisibles.

- La pêche était pratiquée dans le Nil par les paysans ou par des pêcheurs professionnels, organisés en équipes sous les ordres d'un chef.

Comment les rives du Nil étaient-elles peuplées ?

Elles n'avaient rien à voir avec les berges dénudées d'aujourd'hui. Couvertes de buissons de papyrus, elles abritaient des crocodiles et des hippopotames, à présent disparus d'Égypte, et de nombreux oiseaux : canards, oies, hérons, ibis. Autour poussaient des figuiers et des sycomores, et s'étendait la savane, peuplée de lions, girafes, antilopes, oryx, des espèces qui, elles aussi, ont depuis lors déserté l'Égypte.

Comment chassait-on sans fusil ?

On lançait des bâtons ou des boomerangs pour assommer les oiseaux. Pour les lions, on tirait des flèches ou des lances pour les blesser de loin, puis on les achevait au poignard. Ou bien on les attirait dans des fosses. Quant à l'hippopotame, on l'attaquait au harpon.

Pourquoi les parties de chasse étaient-elles souvent des parties de plaisir ?

On allait chasser en famille, tranquillement, avec femme et enfants, à bord d'une barque de papyrus. À la place des chiens, on utilisait des chats dressés pour débusquer et rapporter les proies.

Comment le pharaon chassait-il le lion ?

Le lion était capturé à l'avance puis relâché quand il était à distance de tir du pharaon. Pour le peuple, qui assistait à la chasse, le lion

Ces pêcheurs utilisent deux petites barques en papyrus entre lesquelles ils laissent traîner leur filet avant de le remonter. Au loin, un couple d'Égyptiens chasse le canard à l'aide d'un boomerang.

Comment les Égyptiens pêchaient-ils ?

Les pêcheurs vivaient dans des cabanes au bord des marais et se réveillaient à l'aube. Ils jetaient des filets dans l'eau et les retiraient aussitôt. Il fallait aller vite pour que les poissons ne puissent pas se faufiler entre les mailles.

symbolisait les ennemis de l'Égypte. En le tuant, le pharaon prouvait qu'il était capable d'assurer la sécurité du pays.

des marais pour repeupler leurs basses-cours. Pour cela, ils posaient un canard apprivoisé au milieu d'une mare sur laquelle était tendu un filet. Bientôt, des copains palmés venaient lui tenir compagnie. Il suffisait alors de refermer le filet !

Pourquoi les chasseurs ne tuaient-ils pas toujours leurs proies ?

Les paysans chassaient les canards sauvages

INCROYABLE !

Les pêcheurs professionnels avaient très mauvaise réputation. Ils vivaient nus, ne se lavaient ni ne se peignaient jamais. Ils ne devaient pas sentir que le poisson !

La table

- Le pain était la base du repas. Fabriqué avec de l'épeautre (variété de blé) ou de l'orge, il en existait une quarantaine de sortes.

- Les légumes : oignons, concombres, radis, ail, salade, choux, et les fruits : amandes, figues, dattes, raisin, grenades… étaient beaucoup consommés.

- La viande des élevages était réservée aux plus riches. La chasse au canard et la pêche étaient des activités importantes.

- Les Égyptiens buvaient de la bière et les plus fortunés du vin, rouge ou blanc.

Comment les Égyptiens ordinaires se nourrissaient-ils ?

Les gens du peuple mangeaient à leur faim, mais des aliments très simples : du pain surtout, accompagné d'oignons. C'était le légume de base à l'époque ! Pour les grandes occasions, le repas était agrémenté de poisson ou d'un canard si la pêche ou la chasse avait été bonne.

Pourquoi les Égyptiens étaient-ils de gros buveurs… de bière ?

La bière était la boisson de base, car on se méfiait de l'eau du Nil ou des puits, souvent infestée de microbes. Tout le monde en buvait, les adultes comme les enfants ! Heureusement, elle était très faiblement alcoolisée.

Comment fabriquait-on la bière ?

Elle était préparée à base d'orge. Chaque famille faisait sa propre bière : on émiettait un pain d'orge dans une grande jarre remplie d'eau et de miel ou de dattes, puis on se glissait dedans pour piétiner et mélanger le tout ! On faisait ensuite fermenter cette bouillie plusieurs jours. La bière obtenue était très épaisse et nutritive. En fait, c'était plus un aliment qu'une boisson.

Comment les Égyptiens mangeaient-ils ?

Ils prenaient 3 repas par jour, exactement comme nous : un petit déjeuner tôt le matin, un déjeuner en début d'après-midi et un dîner le

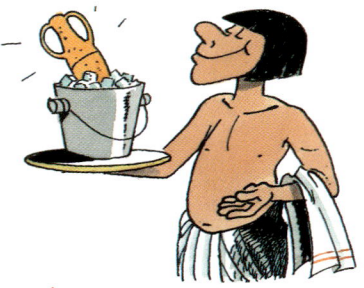

Comment conservait-on le vin ?

Dans des amphores en terre cuite. Le verre était trop précieux à l'époque pour qu'on en fasse des bouteilles. Le cépage du vignoble et la date de fabrication étaient indiqués sur l'amphore. Il y avait même des vins millésimés !

soir. À l'époque, on mangeait assis par terre, avec les doigts, ou en poussant la nourriture avec son pain. Les couverts n'existaient pas.

Le pain, qui était la base des repas, était cuit dans des moules en forme de cônes, d'où sa forme particulière.

Comment sucrait-on les plats ?

Le sucre blanc n'existait pas. On sucrait donc les aliments avec du miel ou avec des dattes écrasées.

Pourquoi mangeaient-ils beaucoup de laitue ?

Parce qu'ils croyaient que cela rendait amoureux ! La laitue était réputée aphrodisiaque.

INCROYABLE !

Les Égyptiens fabriquaient déjà du foie gras ! Ils gavaient des oies, mais aussi des hyènes. Du foie gras d'hyène... Appétissant, n'est-ce pas ?

La mode

- À l'époque, le coton et la soie n'étaient pas connus dans le pays. Seul le lin, cultivé sur les bords du Nil, servait à faire des tissus.

- Au début, la mode variait peu. Mais, à partir du Moyen Empire, les Égyptiens, devenus plus riches, commencèrent à être plus coquets : les vêtements plissés, les voiles, les ceintures firent leur apparition…

Comment reconnaissait-on les étrangers en Égypte ?

Tous les Égyptiens s'habillaient en blanc, car le blanc réfléchit les rayons du soleil et garde le corps au frais. Les étrangers, esclaves, serviteurs ou marchands venus d'autres pays, portaient des vêtements à motifs bariolés ou teints en rouge, bleu ou jaune. Ils ne passaient pas inaperçus !

Comment les Égyptiens étaient-ils chaussés ?

Quand ils portaient des chaussures (car la plupart marchaient pieds nus), c'étaient… des tongs ! Les nobles et les notables avaient des tongs de luxe : en cuir, parfois peintes ou dorées à la feuille d'or pur.

Les pauvres, eux, se contentaient de sandales en papyrus ou en feuilles de palmier.

Comment faisait-on la différence entre les pauvres et les riches ?

Chez les pauvres, les hommes étaient en pagne court et en tunique de toile grossière et les femmes s'habillaient long. Chez les riches, les hommes portaient des pagnes longs jusqu'aux

Pourquoi a-t-on une fausse image de la mode égyptienne ?

Les illustrations montrent souvent les Égyptiennes presque nues, portant des robes moulantes et affriolantes qui s'arrêtent sous la poitrine. En réalité, seules les danseuses osaient de telles tenues. Les femmes du peuple portaient des robes à larges bretelles couvrant leurs seins. Les dames de la noblesse se drapaient dans des voiles qui couvraient leurs épaules. Elles étaient élégantes.

Ce couple faisait partie de la haute société comme le révèlent les plissés de leurs habits et leurs nombreux bijoux.

chevilles, avec des plis sur le devant et des ceintures nouées sur le côté. Les femmes avaient de longues robes fourreaux, très près du corps, ou plissées, au tissu si fin qu'il était presque transparent… dans des écharpes. Les hommes, eux, enfilaient une chemise au-dessus de leur pagne.

Comment s'habillait-on en hiver ?

L'hiver en Égypte était doux, mais il pouvait faire un peu frais. Les femmes du peuple ajoutaient alors des manches à leur tunique en les cousant (elles les décousaient au printemps, pratique !). Les femmes riches s'enroulaient

INCROYABLE !

Les tongs de Toutankhamon étaient uniques dans leur genre. Le visage de ses ennemis avait été peint sur ses semelles. Ainsi, à chaque pas qu'il faisait, il leur écrasait le nez !

L'art de se faire beau

- Les Égyptiens, hommes ou femmes, accordaient une grande importance à la beauté physique. S'ils portaient des habits simples et blancs, ils aimaient les mettre en valeur par des coiffures, des bijoux et un maquillage exubérants.

- Parmi les bijoux, il y avait des bracelets, des bagues, de larges colliers et des boucles d'oreilles. Les plus fortunés arboraient des pierres précieuses (turquoise, lapis-lazuli, jaspe, cornaline), les moins riches portaient des bijoux en émail (une sorte de faïence).

Pourquoi les Égyptiens avaient-ils de beaux yeux ?

Parce qu'ils les soulignaient avec du fard. Ils traçaient tout autour de l'œil un trait noir avec de la galène – ou son dérivé, le khôl – et ombraient leurs paupières avec un fard vert. Ils se teignaient aussi les cils, et même les sourcils, en vert. Les femmes n'étaient pas les seules à se maquiller : les hommes étaient tout peinturlurés !

Pourquoi se maquillaient-ils tant les yeux ?

À l'époque, les lunettes de soleil n'existaient pas, et les Égyptiens cherchaient aussi à se protéger les yeux de la réverbération du soleil, des poussières du désert et des mouches porteuses de maladies et d'infections. La galène et le khôl avaient des vertus antiseptiques.

Pourquoi peut-on dire que les Égyptiennes aimaient le rouge ?

Elles en usaient et en abusaient. Elles posaient de l'ocre rouge sur leurs lèvres et leurs joues. Elles se peignaient les ongles des mains et des orteils, et même la plante des pieds, avec du henné, une poudre rouge, qu'elles mouillaient pour la rendre pâteuse.

Pourquoi les Égyptiens devaient-ils avoir de grandes salles de bains ?

Parce qu'ils gardaient plein de petits pots de crèmes

Les Égyptiennes passaient beaucoup de temps à leur toilette. Les archéologues ont retrouvé de nombreux ustensiles de cette époque.

et d'onguents, de fioles à parfums, de jarres d'huiles essentielles dont ils s'enduisaient et se pommadaient sans cesse le corps et le visage. Les Égyptiens prenaient grand soin de leur peau pour qu'elle reste souple malgré l'air sec ambiant. Ils avaient fort peur de vieillir, comme nous aujourd'hui…

Pourquoi les Égyptiens raffolaient-ils des perruques ?

Elles étaient un signe extérieur de richesse. Seuls les plus riches pouvaient s'en offrir. Ces perruques étaient magnifiques : faites avec de vrais cheveux, elles étaient trempées dans de la cire d'abeille pour devenir brillantes et raides, et étaient ornées de plumes. Sous leur perruque, les Égyptiens se rasaient la tête.

Comment faisaient-ils pour lutter contre les cheveux blancs ?

Ils se teignaient les cheveux avec du henné ou, s'ils en avaient les moyens, portaient une perruque.

INCROYABLE !

Pour lutter contre la calvitie, les hommes se frottaient le crâne avec des onguents à base de sabots d'âne, de pattes de chien, de noyaux de datte, de graisse de serpent ou de crocodile !

La maison

- Les maisons étaient toutes bâties en briques de terre crue. Elles se distinguaient seulement par la taille et le confort.

- Elles avaient 3 ou 4 pièces. Les murs étaient minces, le sol en terre battue. Le toit était toujours aménagé en terrasse.

- Les villas des nobles étaient plus vastes (300 m² en moyenne), avec de multiples chambres et salles de réception, des cuisines, des magasins, des ateliers. Les murs étaient épais et couverts de dalles de céramique peinte.

Pourquoi les Égyptiens étaient-ils toujours la truelle à la main ?

Parce que leurs maisons n'étaient pas très solides. Posées directement sur le sol, sans fondations, elles étaient construites en briques de terre séchée au soleil, un mélange de boue, de cailloux et de paille. Dès que le vent soufflait trop fort, les murs se fendillaient. En cas d'inondation, ils fondaient et se faisaient balayer par les flots ! Il fallait tout reconstruire.

Comment les maisons étaient-elles meublées ?

Les pauvres n'avaient que quelques tabourets, des nattes posées sur le sol pour dormir et des paniers où ranger leurs habits. Les riches avaient des lits, des tables basses, des chaises, des coffres. Mais ni armoire, table haute, fauteuil ou bibliothèque… On s'éclairait simplement avec une lampe à huile composée d'une sorte de coupelle dans laquelle était posée une mèche de lin que l'on allumait.

Comment les Égyptiens dormaient-ils ?

Les lits, loin d'être moelleux, étaient composés d'un cadre en bois garni d'un sommier en roseaux tressés, sans matelas. En guise d'oreiller, on avait un appui-tête en bois ! Les draps n'existaient pas. On pouvait ajouter des coussins et des étoffes pour éviter les torticolis. Durant les nuits les plus chaudes, les Égyptiens dormaient sur les toits en terrasse, qui servaient également à ranger le grain.

Pourquoi les sols étaient-ils carrelés ?

Lorsqu'ils en avaient les moyens, les Égyptiens faisaient poser du carrelage sur le sol. Leurs salles de bains étaient carrelées du sol au plafond pour éviter que les éclaboussures n'abîment les murs. Maniaques de la propreté, ils détestaient la poussière !

Pour se protéger de la chaleur, les fenêtres étaient rares, ouvertes vers le nord et placées en hauteur. Des bouches de ventilation étaient percées sur les toits.

Comment l'eau était-elle amenée jusqu'aux maisons ?

Il n'y avait pas d'eau courante. On allait puiser l'eau au puits 2 fois par jour, et on la conservait dans de grandes jarres, dans la cour ou sur le pas de la porte. Les riches avaient d'immenses salles de bains et même des cabinets avec un siège très confortable et des conduites pour évacuer les eaux usées au-dehors.

INCROYABLE !

Les canapés existaient déjà dans l'Égypte antique. Mais ils étaient en briques ! On les garnissait de coussins pour ne pas se faire mal aux fesses.

La vie de famille

- Les Égyptiens étaient de grands amoureux. Les peintures et les sculptures les montrent souvent en couple, enlacés, se tenant par la taille ou par la main.

- On se mariait jeune, vers 20 ans pour les hommes, 14 ans pour les filles, car on vivait moins longtemps qu'à présent. Le but du mariage était de faire de nombreux enfants, qui pourraient aider leurs parents dans leur vieil âge. Les familles comptaient 10 enfants en moyenne.

- Le foyer se composait des parents et des enfants, et parfois d'un parent âgé.

Pourquoi les Égyptiens étaient-ils heureux en couple ?

Beaucoup de mariages étaient arrangés entre familles, les jeunes gens n'ayant rien à y redire. Mais un grand nombre de couples se mariaient aussi par amour, ce qui était rare à l'époque dans le reste du monde, et même jusqu'à une période récente chez nous. Quand ils mouraient, les époux se faisaient souvent enterrer dans la même tombe.

Comment les femmes étaient-elles traitées ?

Devant la loi, elles étaient les égales des hommes : elles avaient les mêmes droits, pouvaient posséder leur propre argent, sortir toutes seules, sans leur mari.

Une femme battue pouvait aller porter plainte contre son mari au tribunal.

Le mari risquait alors 100 coups de bâton. S'il récidivait, sa femme pouvait demander le divorce et une pension alimentaire !

Comment les époux étaient-ils liés ?

Certains rédigeaient un contrat, mais il n'y avait rien d'obligatoire, on le faisait d'ailleurs souvent des années après le mariage. Ce contrat précisait à qui appartenaient les biens dans le couple (l'argent, les meubles, la maison, les habits, les bijoux…). Il servait surtout à régler l'héritage en cas de décès.

Les Égyptiens raffolaient du jeu du senet. Il consistait à faire avancer des pions sur un damier rectangulaire.

pourquoi le mariage égyptien était-il bizarrement fait ?

C'était un mariage sans cérémonie. On ne passait pas au temple, devant le prêtre, ni à la mairie. Il suffisait de vivre ensemble pour être mari et femme. Le mariage était scellé au moment où la jeune fille mettait le pied dans la maison du garçon.

comment faisaient les couples qui ne s'entendaient plus ?

Comme aujourd'hui, ils divorçaient. Quand ils en avaient les moyens… car il fallait partager les biens, ce qui donnait lieu à des disputes ! La femme divorcée retournait souvent vivre chez ses parents.

pourquoi tous les Égyptiens ne vivaient-ils pas comme le pharaon ?

Ils n'avaient pas de harem ! La plupart n'épousaient qu'une seule femme. Ils ne se mariaient pas non plus entre frère et sœur, ou père et fille, comme souvent dans les familles royales de l'époque.

INCROYABLE !

Les Égyptiens adoraient les chats, qui faisaient partie de la maisonnée. Quand un chat mourait, toute la famille était triste et se rasait les sourcils en signe de deuil.

Les enfants

- Lorsque l'enfant était petit, jusqu'à l'âge de 6 ans environ, c'était sa maman qui s'en occupait. L'enfant jouait dans la rue avec ses voisins et ses nombreux frères et sœurs.

- À partir de 6 ans, les garçons étaient pris en charge par leur père, qui leur apprenait un métier, ou bien ils allaient à l'école. Les filles, elles, restaient près de leur mère, qui leur montrait comment s'occuper de la maison ou accomplir les travaux de la ferme.

Pourquoi les enfants avaient-ils la tête rasée ?

Par souci d'hygiène, pour ne pas avoir de problèmes de poux ! On leur laissait juste une longue mèche tressée sur le côté, la « mèche de l'enfance », signe qu'ils n'avaient pas encore atteint l'âge adulte. Cette mèche était coupée vers 14 ans.

Pourquoi la plupart des enfants n'allaient-ils pas à l'école ?

Ce n'étaient pas des petits veinards, comme on pourrait le croire. Seuls les garçons des familles riches étaient envoyés à l'école.
Ils pouvaient alors devenir scribes, ou mêmes savants, prêtres, ministres. Les autres étaient obligés de travailler avec leurs parents dès l'âge de 5 ou 6 ans !

Comment les petites filles étaient-elles accueillies ?

Quand une fillette naissait, c'était la fête autant que pour un garçon. On ne faisait pas de différence entre les sexes. Les filles ou les femmes étaient autant aimées et avaient les mêmes droits que les hommes ou les garçons.

Comment les enfants, dès 6 ans, s'occupaient-ils ?

Ils travaillaient. Les garçons découvraient un métier avec leur père : maçon, tailleur de pierre, charpentier, peintre, orfèvre. Les filles apprenaient à tisser, à moudre le grain, à brasser la bière avec leur mère. Les enfants des paysans suivaient leurs parents dans les champs pour semer, faucher, vanner.

Comment les enfants étaient-ils habillés ?

La plupart du temps, en tenue d'Adam : tout nus ! Comme ils aimaient jouer dans la rue et la poussière, ça évitait aux mamans de faire la lessive.
Par contre, on leur faisait porter des bijoux, surtout des boucles d'oreilles (même aux garçons !). Quand le temps se rafraîchissait, on leur enfilait une simple tunique à manches.

Les enfants jouaient beaucoup. De nombreuses scènes, où l'on voit des enfants s'amuser, ont été retrouvées sur les fresques des villas et des tombes.

Comment les jeunes enfants s'occupaient-ils ?

Ils s'amusaient dans la rue ou dans les champs. Ils jouaient énormément. À l'époque, déjà, ils avaient de nombreux jouets : des balles en roseau tressé ou en bouts de tissu cousus, des hochets, des toupies en pierre taillée, des poupées en faïence pour les filles, et toutes sortes d'animaux en bois sculpté avec des mâchoires et des pattes articulées !

INCROYABLE !

À l'époque, le cheval, originaire d'Asie centrale, était inconnu en Égypte. À la place des chevaux, les enfants jouaient avec des lions ou des crocodiles à roulettes !

La conquête d'Alexandre

- Alexandre naît en 356 av. J.-C. en Macédoine, une province du nord de la Grèce. À cette époque, l'Égypte est devenue une puissance mineure, soumise depuis presque 2 siècles au terrible Empire perse.

- À l'âge de 22 ans, Alexandre prend la tête d'une armée de 35 000 Grecs et déclare la guerre à Darius, chef des Perses. En l'espace de 2 ans, il conquiert la Turquie, la Syrie, la Palestine. Il pénètre en Égypte à l'automne 332 av. J.-C. et met fin à la domination perse.

Comment Alexandre fut-il éduqué quand il était enfant ?

Il bénéficia de la meilleure éducation, car son père, Philippe II de Macédoine, était le roi de la province. Aristote, le fameux philosophe, fut son précepteur. Sa mère, Olympias, lui fit croire dès le plus jeune âge qu'il était le descendant d'Héraclès, dieu grec de la guerre, et d'Achille. Le pauvre petit Alexandre avait intérêt à être à la hauteur !

Pourquoi n'eut-il aucun mal à conquérir l'Égypte ?

Il venait d'écraser Darius, pourtant à la tête de 400 000 hommes, l'année précédente en Syrie. Les Perses étaient donc très affaiblis et ne lui opposèrent aucune résistance.
Les Égyptiens, quant à eux, l'accueillirent à bras ouverts comme un libérateur et le sacrèrent pharaon.

Pourquoi Alexandre fut-il très populaire en Égypte ?

Parce que, contrairement aux autres envahisseurs, il autorisa le peuple à conserver ses coutumes et à pratiquer sa religion. Il alla jusqu'à vénérer lui-même les dieux égyptiens.

C'est après avoir vaincu Darius, lors de la bataille d'Arbèles (ci-contre), qu'Alexandre le Grand envahit l'Égypte.

Comment l'Égypte évolua-t-elle après la mort d'Alexandre ?

Ses généraux se partagèrent son empire. Ptolémée, un de ses amis d'enfance, hérita de l'Égypte. Il devint pharaon sous le nom de Ptolémée Ier Sôtêr Ier. Ce fut le début de l'époque dite ptolémaïque. On parlait alors grec en Égypte.

Comment Alexandre est-il mort ?

Il mourut d'une fièvre mystérieuse. Les savants pensent aujourd'hui que ce fut simplement le paludisme ! Il tomba malade le 30 mai 323 av. J.-C. et mourut 10 jours plus tard.

Comment Alexandre fut-il enterré ?

Son corps fut, dit-on, embaumé dans le miel et ramené en Égypte vers 290 av. J.-C. sur l'ordre de Ptolémée Ier. Il fut enterré à l'intersection des 2 avenues principales d'Alexandrie, dans le quartier des palais, à présent englouti sous les eaux. Nul n'a jamais retrouvé son tombeau.

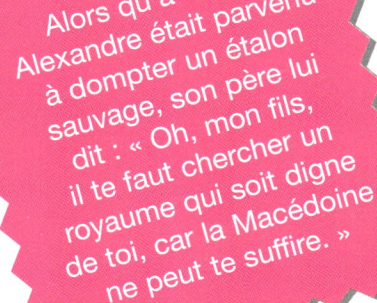

INCROYABLE !

Alors qu'à 13 ans Alexandre était parvenu à dompter un étalon sauvage, son père lui dit : « Oh, mon fils, il te faut chercher un royaume qui soit digne de toi, car la Macédoine ne peut te suffire. »

Alexandrie

- Alexandrie fut fondée et construite de toutes pièces au bord de la Méditerranée en 331 av. J.-C. sur l'ordre d'Alexandre, qui voulait en faire la cité idéale.

- Sous Ptolémée I er, la ville devint la capitale de l'Égypte et s'enrichit des monuments et institutions qui la rendirent célèbre : son phare, considéré comme l'une des Sept Merveilles du monde, mais aussi son musée et sa célèbre bibliothèque.
- Alexandrie devint alors un important centre culturel.

Comment Alexandre décida-t-il de fonder Alexandrie ?

Après un rêve qu'il fit dans la nuit du 25 janvier 331 av. J.-C. En se réveillant, il traça les plans de la cité vue en songe. Il en confia la réalisation à un célèbre architecte, Deinokratès de Rhodes, et en choisit lui-même l'emplacement.

Comment la cité se présentait-elle ?

Elle était somptueuse, avec des obélisques et des sphinx partout, des avenues larges de 15 à 30 m se croisant à angle droit, bordées de colonnes de marbre et de granit. Le quartier des palais couvrait le tiers de la ville, face à la mer ; chaque pharaon y faisait bâtir le sien.

Pourquoi un si grand phare fut-il élevé à Alexandrie ?

La côte du delta égyptien est très plate ; les marins y manquaient de repères pour s'orienter. Il fallut donc construire un phare très haut, visible de loin. Celui-ci fut élevé vers 280 av. J.-C. à l'entrée du port, sur l'île de Pharos (qui donna le mot « phare »).

Pourquoi le musée d'Alexandrie attirait-il tant de savants ?

Ce n'était pas un musée au sens actuel du terme, mais une université. Il fut baptisé Temple de la science et des muses. Les savants y étaient reçus et nourris gratuitement.

Pourquoi la bibliothèque était-elle si réputée ?

À son apogée, elle compta 700 000 ouvrages. Ptolémée Ier et son fils, Ptolémée II, avaient le projet de réunir toutes les œuvres écrites de l'humanité. Ils s'adressèrent aux rois du monde entier en leur demandant de leur prêter tous les livres de leur pays, le temps de les recopier. Et ça a marché !

Leurs recherches y étaient financées et ils avaient accès à la plus grande bibliothèque du monde !

Le phare d'Alexandrie fut englouti dans la mer avec une partie de la ville à la suite des tremblements de terre du Moyen Âge.

au pharaon Ptolémée Ier, qui était un grand amoureux des arts et des sciences. C'est avec ce fonds que ce dernier créa la bibliothèque d'Alexandrie.

Comment fut créée la bibliothèque d'Alexandrie ?

À sa mort, le philosophe Aristote légua tous ses livres

INCROYABLE !

La bibliothèque d'Alexandrie fut détruite en l'an 691, lorsque l'armée arabe conquit l'Égypte. Les livres furent utilisés pour chauffer les bains publics de la ville et tous brûlés !

Cléopâtre

- La célèbre Cléopâtre fut l'ultime reine de la dynastie des Ptolémées, qui régna sur l'Égypte durant 3 siècles. Née en 69 av. J.-C., Cléopâtre hérite de la couronne à l'âge de 17 ans.

- Cléopâtre savait qu'elle était à la tête d'un royaume affaibli. Elle chercha des alliés à Rome et s'arrangea pour séduire César, qui fut son amant jusqu'à sa mort en 44 av. J.-C., puis le général Marc Antoine, avec qui elle rêva de rebâtir un grand empire d'Orient.

Comment rencontra-t-elle César ?

En 48 av. J.-C., César se rendit en voyage en Égypte. Cléopâtre était alors mariée à Ptolémée XIII, mais ce dernier ne l'aimait pas et cherchait à la tuer ! Cléopâtre imagina donc une ruse pour séduire César et obtenir sa protection. Elle s'enroula dans un tapis qu'elle fit porter en cadeau à l'empereur. Quand le tapis se déroula, Cléopâtre apparut. César tomba aussitôt sous le charme.

Comment séduisit-elle Marc Antoine ?

À la mort de César, l'Empire romain fut partagé entre 3 hommes, dont Marc Antoine, qui hérita de la partie orientale. Celui-ci se rendit en Turquie, où il convoqua Cléopâtre pour négocier la paix. Elle se fit attendre. Finalement, elle apparut à bord d'un navire aux voiles de soie rouge parfumées ! Cette arrivée spectaculaire fit tourner la tête à Marc Antoine, qui tomba éperdument amoureux d'elle.

Pourquoi Octave, l'empereur de Rome, en voulait-il à Cléopâtre ?

Parce que Marc Antoine abandonna son armée en Turquie et suivit Cléopâtre en Égypte, où il ne la quitta plus. Il alla même jusqu'à divorcer de sa femme Octavie, la sœur d'Octave ! Ce dernier attaqua alors la flotte égyptienne, qu'il écrasa, le 2 septembre 31 av. J.-C., à Actium, au large de la Grèce.

Cléopâtre fut très aimée des Égyptiens. Elle fut la seule reine grecque à avoir appris leur langue. Ci-contre, une reconstitution de la rencontre entre Cléopâtre et Marc Antoine.

Comment Cléopâtre s'est-elle suicidée ?

Marc Antoine mort, Cléopâtre fut prise au piège dans son mausolée par l'armée d'Octave. La légende dit qu'elle se laissa mordre par une vipère, mais on pense qu'elle utilisa plutôt un poison. Son corps n'ayant pas été retrouvé, on ne saura jamais la vérité.

Pourquoi, après la défaite d'Actium, Cléopâtre savait-elle déjà qu'elle se suiciderait ?

Elle se fit construire un immense mausolée à Alexandrie et se mit à tester des poisons sur ses esclaves. Sa mort était préméditée.

Comment Marc Antoine est-il mort ?

Humilié par l'armée d'Octave, Marc Antoine était en colère. Il se querella avec Cléopâtre, qui s'enferma dans son mausolée et fit courir la rumeur qu'elle était morte. Fou de chagrin, Antoine s'enfonça alors son épée dans le ventre.

INCROYABLE !

Cléopâtre voulait que César la protège. Celui-ci affecta donc 15 000 hommes au service de la reine et 15 000 gardes du corps. Qui dit mieux ?

De l'égyptologie... à l'égyptomanie

- L'égyptologie naquit au début du XIXᵉ siècle, après l'expédition de Napoléon Bonaparte en Égypte. Grâce au génie et à la patience de savants tels que Jean-François Champollion ou Auguste Mariette, cette discipline devint bientôt une véritable science.

- La passion de l'Égypte gagna alors la culture européenne. Elle inspire depuis presque 2 siècles les peintres, les écrivains, les musiciens, les architectes...

Comment l'égyptologie est-elle née ?

Tout a démarré avec la campagne d'Égypte, organisée par Napoléon en 1798. Les soldats étaient accompagnés par 167 savants, des chercheurs, mais aussi des peintres et des architectes qui, pendant 3 ans, écumèrent le pays à la recherche de ses trésors. À leur retour, ils publièrent 24 gros ouvrages illustrés sur l'Égypte antique. Une passion était née !

Comment les Français devinrent-ils alors égyptomaniaques ?

Tout le monde voulut avoir chez soi un meuble de style égyptien. Il y avait des pendules en forme de pyramide, des fauteuils qui ressemblaient à des trônes pharaoniques, des hiéroglyphes inscrits partout : sur la vaisselle, les pieds de lampe, les vases... Les femmes portaient d'énormes colliers à la mode égyptienne, appelés des pectoraux.

Pourquoi l'égyptomanie ne date-t-elle pas d'aujourd'hui ?

Certains Romains de l'Antiquité étaient déjà de grands égyptomanes : ils rapportaient des sphinx d'Égypte et s'en servaient pour décorer leur jardin ! Les artisans du Moyen Âge les prirent ensuite comme modèles pour sculpter les lions qui ornent nos cathédrales.

167 savants accompagnèrent Napoléon Bonaparte lors de son expédition en Égypte, en 1798. Éveillant l'intérêt du public européen, ce fut une grande réussite scientifique.

Comment l'Égypte a-t-elle conquis tous les arts ?

L'Égypte a inspiré de nombreux producteurs et réalisateurs de films. Parmi les plus connus, citons « Les Aventuriers de l'arche perdue », de Spielberg. Également touché par la manie, Verdi composa, en 1871, l'opéra « Aïda », dont toute l'action se situe en Égypte.

Comment l'égyptologie est-elle devenue une science ?

Les tout premiers archéologues n'étaient pas sérieux : ils pillaient les tombes et revendaient leur contenu aux enchères sur les marchés en Europe. Il fallut attendre les travaux du Français Auguste Mariette, qui systématisa les fouilles et explora les sites de Saqqarah, Gizeh, Abydos, Thèbes et Assouan, puis fonda le musée égyptien du Caire, pour que l'égyptologie devienne une science digne de ce nom.

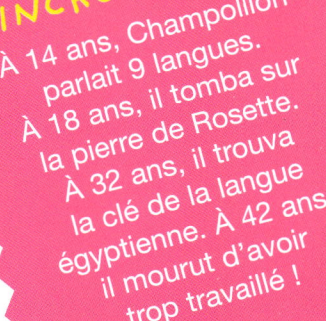

INCROYABLE !
À 14 ans, Champollion parlait 9 langues. À 18 ans, il tomba sur la pierre de Rosette. À 32 ans, il trouva la clé de la langue égyptienne. À 42 ans, il mourut d'avoir trop travaillé !

L'égyptologie aujourd'hui

- Beaucoup de vestiges égyptiens restent à découvrir. Le mausolée de Cléopâtre n'a jamais été retrouvé, comme de nombreuses momies de pharaon.

- L'égyptologie moderne utilise des techniques de plus en plus pointues, scanners, rayons X, radars, caméras portables, afin d'explorer les sites les plus difficiles d'accès. Les égyptologues font appel à des spécialistes très calés : plongeurs sous-marins, ingénieurs, médecins légistes, architectes…

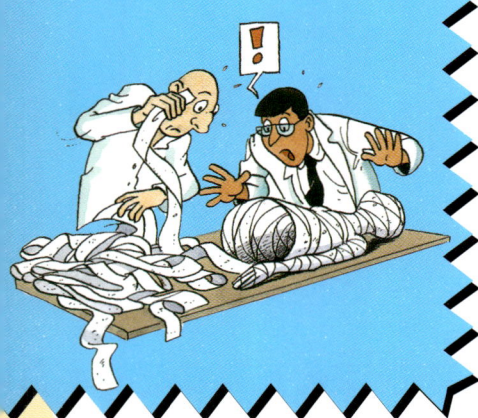

Comment les savants ont-ils sauvé de la submersion les temples de Ramsès II ?

En 1964, un grand barrage a été construit sur le Nil, à Assouan. Ce barrage a créé en amont un lac artificiel (le lac Nasser) de 500 km de longueur. Mais les ingénieurs n'avaient pas prévu que, en montant, l'eau allait engloutir de nombreux temples, dont ceux d'Abou-Simbel, édifiés par Ramsès II. Les égyptologues entreprirent donc de déplacer plusieurs temples pour qu'ils aient les pieds au sec !

Comment les temples ont-ils été déplacés ?

Ils ont été découpés en blocs de 20 à 30 tonnes, transportés 70 m plus haut dans la vallée, puis remontés. Ce n'était pas un simple travail de déménageur ! 14 temples furent ainsi démontés un à un de 1964 à 1968. Ce fut un travail énorme et spectaculaire, dirigé par l'Unesco et financé par tous les grands pays du monde.

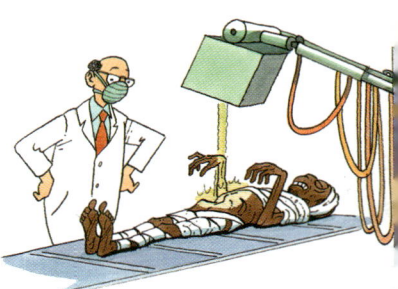

Pourquoi étudie-t-on à présent les momies aux rayons X ?

Cette technique permet de voir ce qu'il y a sous les bandelettes sans les ôter, ce qui évite d'abîmer la momie. Les savants parviennent ainsi à connaître le sexe, l'âge, les ennuis de santé de la personne au moment de sa mort et ce qui l'a tuée.

Les fouilles sous-marines du port d'Alexandrie ont permis de remontée cette statue colossale de Ptolémée II.

Comment les Égyptiens pouvaient-ils traverser l'Atlantique en 57 jours ?

En 1970, un chercheur norvégien a prouvé que les Égyptiens auraient très bien pu aller en Amérique, même si leurs bateaux étaient en papier ! Il s'est construit une barque à la mode antique avec des bottes de papyrus liées par des cordes et a entrepris la traversée de l'Atlantique… qu'il a bouclée en 57 jours.

Pourquoi les égyptologues font-ils de la plongée sous-marine ?

Depuis 1992, une équipe d'archéologues français a entamé l'exploration sous-marine du port d'Alexandrie. Les ruines de nombreux palais engloutis ont été découvertes. En novembre 2005, la base du phare d'Alexandrie, dont toute trace avait disparu depuis le XIVe siècle, a été localisée !

INCROYABLE !

Récemment, une chambre secrète a été découverte grâce à un radar sous la chambre de la reine de la pyramide de Khéops. Cette cavité pourrait contenir la momie du pharaon Khéops…

L'Égypte dans le monde

- L'Égypte antique a fasciné tant de gens à travers les siècles qu'elle est aujourd'hui présente partout dans le monde. Il suffit parfois de se promener dans sa propre ville et d'ouvrir les yeux : des vestiges ou des copies d'art égyptien se cachent partout.

- Les plus grands musées du monde ont aussi réuni de fabuleuses collections. Le musée du Louvre à Paris, par exemple, possède 55 000 objets. C'est la deuxième plus grande collection au monde derrière celle du musée du Caire.

Comment les musées font-ils honneur à l'Égypte ?

Au Louvre, le département égyptien a été agrandi et recouvre désormais 2 500 m². Il possède de nombreuses momies et les vestiges retrouvés par Auguste Mariette à Memphis au XIXe siècle, dont la fameuse statue du Scribe accroupi. Le musée du Caire, lui, expose la momie de Ramsès II et les objets du tombeau de Toutankhamon. À New York, les Américains sont même allés jusqu'à reconstruire un temple en plein musée !

Pourquoi le département égyptien du Louvre a-t-il été fondé ?

C'est en 1826 que le roi Charles X nomma Champollion conservateur. Il lui donna de l'argent pour qu'il achète des collections privées. Le savant était si passionné qu'il fit même du zèle. Il rapporta d'Égypte, cachée dans ses bagages, la fameuse statue en bronze de Karomama, que l'on peut toujours admirer au Louvre !

Pourquoi la collection du Louvre se distingue-t-elle des autres ?

Les Français ont fait le pari de ne pas montrer que des objets précieux appartenant aux nobles, mais de multiples babioles de tous les jours : peignes, paniers, vaisselle, petits bijoux... 19 salles au total sont consacrées à la vie quotidienne des Égyptiens. Fascinant !

L'obélisque de la place de la Concorde à Paris fut dressé en 1936 grâce à un immense treuil tiré par 300 ouvriers.

(qui date de Thoutmôsis III). Ou encore à Istanbul, où culmine depuis l'an 390 un monolithe rose venu de Karnak. Enfin, si l'on fait son jogging à Central Park, à New York, on peut en admirer un érigé là en 1881.

Comment l'obélisque de Louqsor a-t-il atterri place de la Concorde ?

L'obélisque fut offert à la France en 1831 par le vice-roi d'Égypte pour remercier la France (et Champollion) d'avoir réussi à déchiffrer les hiéroglyphes. Le cadeau, qui pèse 230 tonnes, était un peu encombrant : le déménagement dura 2 ans !

Comment admirer d'autres obélisques ?

On peut aller à Rome, où 13 obélisques sont toujours dressés (alors qu'il n'y en a plus que 5 debout dans toute l'Égypte !). Ou à Londres, quai de la Tamise, où s'élève l'aiguille de Cléopâtre

INCROYABLE !

L'érection de l'obélisque place de la Concorde prit 4 heures et faillit virer à la catastrophe : les cordes étaient si tendues qu'elles se mirent à craquer. On eut l'idée de les mouiller évitant ainsi le désastre !

Crédits photographiques :

En couverture : en haut à droite : © Roger Wood/CORBIS ; en haut à gauche : © Charles & Josette Lenars/CORBIS ; au milieu à gauche : © Werner Forman/CORBIS ; au milieu à droite : © Bojan Brecelj/CORBIS ; en bas au milieu : © Neil Beer/CORBIS ; p. 17 : © The Art Archive/Musée du Louvre/Dagli Orti ; p. 33 : © Tibor Bognàr/BlueBox ; p. 35 © Boistesselin/KHARBINE-TAPABOR ; p. 41 : © Charles & Josette Lenars/CORBIS ; p. 43 : Roger Wood/CORBIS ; p. 45 : © The Art Archive/Village des artisans/Dagli Orti ; p. 47 : © K. M. Westermann/CORBIS ; p. 49 : © Charles & Josette Lenars/CORBIS ; p. 51 : © The Art Archive/Dagli Orti ; p. 55 : © Fridmar Damm/zefa/CORBIS ; p. 57 : © Archivo Iconografico, S.A./CORBIS ; p. 59 : © PHOTORESEARCHERS/BSIP ; p. 73 : © Bojan Brecelj/CORBIS ; p. 81 : © Archivo Iconografico, S.A./CORBIS ; p. 83 : © Gianni Dagli Orti/CORBIS ; p. 85 : © Paul Almasy/CORBIS ; p. 93 : © Werner Forman/CORBIS ; p. 115 : © Phot Prud'homme/KHARBINE-TAPABOR ; p. 119 : © Christie's Images/CORBIS ; p. 121 : © Stefano Bianchetti/CORBIS ; p. 123 : © Stéphane Compoint ; p. 125 : © Paul Almasy/CORBIS.